日本国際経済学会編

国際経済　第70巻

第4次産業革命の衝撃
－ICTの発展と国際経済－

日本国際経済学会研究年報

2019

目　次

第77回全国大会　　共通論題
第4次産業革命の衝撃─ICTの発展と国際経済─

　　国際生産分業と技術移転─中国新興企業の選択─………猪俣　哲史（ 1 ）
　　　　コメント………………………………………………伊藤　恵子（13）
　　ICTの発展とオフショアリング
　　　………………高橋　信弘・平川　　均・中原裕美子・徳丸　宜穂（19）
　　　　コメント………………………………………………櫻井　公人（46）

投稿論文

　　租税回避行為と対外直接投資の収益性─日米の比較─
　　　………………………………………………大野　早苗・鈴木　　唯（55）

会報

日本国際経済学会第77回全国大会　89
日本国際経済学会第9回春季大会　96
会員総会の議事と決定　101
役員名簿　105
役員の業務分担　107
各支部の活動報告　109
　関東支部　109
　中部支部　111
　関西支部　112
　九州・山口地区研究会　114
本部・各支部事務局所在地　116
日本国際経済学会　会則　117

共通論題

国際生産分業と技術移転
―中国新興企業の選択―*

日本貿易振興機構アジア経済研究所　猪俣　哲史**

要旨

　本稿は，国際生産分業と国境を越えた技術移転との関係性について論じる。具体的には，中国の携帯電話産業と自動二輪（オートバイ）産業の新興企業に焦点をあて，両者の対照的なグローバル化戦略を比較することにより，持続的発展へ向けた開発途上国企業の選択肢を考察する。

キーワード：国際生産分業，国際生産ネットワーク，技術移転，モジュール化

1. はじめに

　先進国で開発された技術（に基づく製品）が時間とともに陳腐化し，開発途上国へ生産が移転される。これによって，途上国の経済発展が促される。…こういった技術移転と経済発展に関する議論，たとえばヴァーノンの「プロダクト・サイクル論」あるいは赤松の「雁行形態論」は，長年，開発経済

---

* 本稿は2018年10月13日・14日に開催された日本国際経済学会第77回全国大会の共通論題「第4次産業革命の衝撃―ICTの発展と国際経済」での報告に沿って取りまとめたものである。セッションでは貴重なご意見を多数頂戴した。ことに討論者を務めてくださった中央大学伊藤恵子先生には改めて謝意を表したい。
　なお本稿は，猪俣（2019）の中の記述をベースに新たな分析を付加し，議論を再構成したものである。文章の使用にあたっては同書の版元である日本経済新聞出版社に感謝したい。

** E-mail: satoshi_inomata@ide.go.jp

学の中心論題を占めてきた。では今日，生産システムのグローバル化という文脈でこれらを改めて問い直すと何が見えてくるであろうか。

　従来，開発途上国が世界水準の製品を生産するレベルに至るには「工業化」というステップを踏む必要があると考えられていた。それは，生産工程の上流から下流まで地場産業をくまなく取り揃えることであり，かつての日本や韓国でそうであったように，国家の一大プロジェクトとして巨大な資本投下と長い年月を必要とした。

　では，国際生産分業が高度に進んだ今日ではどうであろうか。輸送手段や情報通信技術の発達により生産工程は細かく切り分けられ，外注や外国直接投資という形で国境を越えて展開する。企業は，産業や製品よりも更に細かな「工程／業務」という単位で自らの生産性を計り，分業システムの中で特化することが可能になった。そこで，開発途上国でも国際的な生産ネットワークに参加すれば，自国の技術レベルや要素賦存状況に見合った「特別な場所」をサプライチェーンの中に見出し，そこに注力することによって，スマートフォンや液晶テレビのような高付加価値製品を世界標準で作ることができるのである（Baldwin 2016）。

　このように，開発途上国にとって国際生産分業システムへの参加が経済発展の与件となることは，現在，広く認識されつつある。しかし，長期的／持続的発展へのメカニズムを問われると，経済学者も社会学者もとたんに歯切れが悪くなる。それは，サプライチェーンの高度化に関し，いまだに具体的な道筋を示せていないからである。

　開発途上国の理想的な発展シナリオは，低技術工程を入り口としつつも，生産分業の過程で先進国企業から移転される技術・ノウハウによりサプライチェーンの高度化を進めることである。しかし途上国は，自国経済が「価値の階段」を踏み出すことができず，そのまま国際生産ネットワークの低付加価値領域に閉じ込められてしまう可能性を危惧している。実際，経済グローバル化そのものを，先進国による経済搾取のための方便として捉える向きも少なくない。

このような状況下，開発途上国の企業戦略はいかなるものであるべきか。本稿では，中国新興企業のグローバル化に関する事例研究を頼りに，持続的発展へ向けた途上国企業の選択肢を考察する。

2. 製品のモジュール化とサプライチェーン

　現在，経済の様々な分野において急速な技術革新が進んでいるが，とりわけ製造業のサプライチェーン編成に影響を及ぼしたのが製品アーキテクチャのモジュール化である。モジュールとは，ある製品を機能ごとに区分けした部品集合体のことである。個々のモジュールは極めて高い独立性を有しているので組み合わせによる相互干渉が小さい。加えて，モジュールどうしの接続インターフェースについては比較的簡素で標準化されたルールが定められている。すると，複雑な製品でもモジュール化が進むと，部品の擦り合わせなど製造ライン間での連携作業が生産工程の中で縮小し，部品の外注可能性が高まることになる。

　モジュール型サプライチェーンを代表するのは電子・通信機器産業である。この産業はその誕生から軍事産業と密接に絡んでおり，かなり早期に軍の主導で基幹部品の標準化が進められた。さらに，CAD（コンピューター支援デザイン）の導入によって製品仕様の情報が詳細にデジタル化され，これも部品の標準化を後押しした。

　また，電子・通信機器製品は個々の部品が小さく，生産拠点間の搬送が比較的容易である。部品の可搬性ゆえサプライチェーンを柔軟に組み替えることが可能で，生産工程を機能モジュールに沿って再定義しやすい。加えて，ITA（情報技術協定）という極めてハイレベルな貿易自由化協定が早期に発効し，新興国を含む多くの国が参加したことも，同産業で標準化・モジュール化が進んだ理由の一つと考えられる。

　こういった一連の特性ゆえ，電子・通信機器産業の国際生産分業は飛躍的な発展を遂げ，ことにそれは，中国において経済のグローバル化と高度化を大きく牽引したと考えられている。ここでは，現在でも同国で著しい成長を

続ける携帯電話産業の事例を紹介しよう。

中国携帯電話産業の黎明期においてその展開を決定づけたのが，台湾系ICチップベンダー「メディアテック」の存在である。以下の記述は許・今井（2009）に基づくが，当時，メディアテックがその活動の中核においたのが，自社のチップ・セットを組み込む携帯端末の製造設計図をチップと併せて外販するビジネスである。この設計図は端末の電気配線や部品配置などを網羅し，なかには部品サプライヤーの推奨リストまで含んでいるものもある。製品アーキテクチャの徹底的なモジュール化と詳細な製造ガイドラインの提供により，当時は十分な技術を持たなかった中国地場メーカーでも携帯電話のような知識集約型製品を容易に生産できるようになったのである。

一方，モジュール化された産業の大きな特徴として，技術障壁の低下による参入過多および製品の同質化，そしてそれに伴う価格競争の激化がある。ことに，メディアテックのチップはソフトウェアのソースコードが限られた範囲でしか公開されていないため，顧客（＝携帯電話端末メーカー）の自社改良による製品差別化が難しく，したがって同チップ・セットが出回るに伴い製品の同質化がますます顕著となった。中国では2004年頃から携帯電話端末が供給過剰となり，消費者の購買意欲を維持するため各メーカーは多モデル生産へと同時転回する。その結果，大量の同質製品が市場に投入され，中国地場企業の収益性は著しく低下した。

3.「価値の階段」を昇るには

このように，モジュール化による技術障壁の低下は無数のプレイヤーをゲームに招き入れ，産業全体を過当競争に陥らせる危険性をはらんでいる。では，途上国企業が価格競争の罠に捕らわれずに「価値の階段」を昇ることはできるのであろうか。以下，近年における中国携帯電話メーカーのグローバル化戦略を，同じく中国の自動二輪（オートバイ）メーカーが選択した戦略との比較の中で検討する。

まずは，中国携帯電話産業の最近のトレンドを見てみよう。表1にあるよ

表1　スマートフォン販売台数の推移：2011〜17年（単位：百万台）

	メーカー	2011	2012	2013	2014	2015	2016	2017
1	サムスン	95	198	299	308	320	310	316
2	アップル	93	136	153	193	232	216	216
3	ファーウェイ	17	31	52	75	108	139	153
4	オッポ	情報なし	5	18	31	45	95	118
5	ヴィーヴォ	情報なし	3	12	30	44	82	95
6	シャオミ	情報なし	7	19	65	73	58	92
7	LG	19	26	48	59	60	N/A	56
8	ZTE	17	31	42	45	51	57	46
9	レノボ	4	23	45	情報なし	45	50	39
10	ジオニー	情報なし	情報なし	情報なし	情報なし	情報なし	情報なし	24

出所：Ding and Hioki（2018）。猪俣（2019）より再掲。

うに，世界的にも中国ブランドの躍進は目を見張るものがある。上位2社，サムスンとアップルのポジションは強固であるが，3位以下はLGを除いてすべて中国企業，そして上位2社との差も年々縮小している。また，中国国内市場においては，中国企業はローエンド製品のみならず，ミドルクラス製品，部分的にはハイエンド製品の市場にまで食い込んできている（表2）。

　Ding and Hioki（2018）によれば，このような展開の背景には，中国携帯電話産業の技術プラットフォームを巡る劇的な変化があるという。先述した通り，2G／3G通信の時代，台湾系メディアテックが低技術の中国地場企業に対してターンキー方式の製品パッケージを提供し，サプライチェーンの編成に大きな影響を及ぼしていた。しかし，4Gが主流となると同社の支配力は傾き，代わりに米国のクアルコムが，その4G技術に関連する圧倒的な特許数を武器に存在感を高めてきた。2015年における同社4G関連製品の中国国内シェアは5割以上となっており，中国ブランドの大半がクアルコムのチップを組み込んでいる（シャオミが全モデルの70％，オッポ70％，ヴィーヴォ60％，ZTE 50％: Ding and Hioki, 2018）。

　なぜ，クアルコムは中国市場でこのような急成長を遂げることができたのか。前節では，メディアテックのプラットフォームが，そのターンキー方式

表2　中国スマートフォン市場における中国企業のシェア

	2014年第4四半期			2015年第3四半期		
	合計	各市場における中国ブランドのシェア	中国企業上位3社のシェア	合計	各市場における中国ブランドのシェア	中国企業上位3社のシェア
ハイエンド（＞500$）	16.0%	情報なし	4.2%	13.5%	情報なし	9.4%
ミドルクラス（250–500$）	20.4%	76.5%	44.6%	24.8%	81.9%	58.8%
ローエンド（＜250$）	63.6%	100%	45.4%	61.7%	100%	48%

出所：Ding and Hioki（2018）。猪俣（2019）より再掲。

による簡便性ゆえ携帯電話産業への参入障壁を著しく低下させ，ローエンド市場において過当競争／価格競争を招いた経緯について概説した。そしてその原因の一つとして，同社がチップのソースコードを十分に開示しなかったため，顧客が自身の手によって製品（携帯電話端末）を開発・機能差別化することができず，その結果，大量の同質製品が市場へ流れ込んだことがある。

　一方のクアルコムは，ミドルクラス／ハイエンド市場の製品にターゲットを絞り込んだ。これは，中国国内における消費嗜好の高度化に伴い，多機能・高品質の製品に対する需要が急伸したことに呼応するものである。そして，ある程度の技術基盤を持つ少数の新興企業を対象に，チップのコードを開示する方策に打って出た。すなわち，自社の技術を顧客と共有し，顧客自身による高いレベルでの製品差別化を可能にする，あるいは協同で製品を開発してゆくというものである。現在，メディアテックが2割ほどしかコードを開示していないのに対し，クアルコムのプラットフォームは8割強が参照可能となっている（Ding and Hioki 2018）。

　むろん，クアルコムは慈善精神から技術供与を進めたわけではないだろう。その背景には，中国における消費嗜好の高度化，4G技術の普及，商品サイクルの加速など，様々な市場環境・技術環境の変化があり，顧客である端末機器メーカーとの協力が不可欠になったことがある。

ここで注目すべきは，生産のグローバル化による「工程／業務レベルでの」技術移転は，従来の議論にあるような製品のコモディティー化を待った結果としての技術伝播ではなく，先進国主導企業と途上国企業との関係性の中で，しばしば強い動機と必要性を伴って起こるということである。これは，サプライチェーンが一連の技術的連関をベースに構成されているので，その全体最適化のためには，たとえ陳腐化していない技術でも途上国企業と共有することに合理性があるからだ。中国携帯電話産業の事例はまさにこのこと端的に示していよう。シャオミやオッポなど，ある程度の技術基盤を有する中国新興地場メーカーは先進国企業の技術エコシステムへ組み入る戦略を選んだ。そして，このようなサプライチェーンの技術的特性を利用し，協業の過程で情報交換・学習の機会を積み重ねていったのである。

4. もうひとつのグローバル化戦略：中国オートバイ産業の事例

　製品アーキテクチャとしては，オートバイも比較的モジュール化が進んだ製品である。そのため，かつて中国では日本ブランド製品が部品単位でコピーされ，大量に市場に出回っていた。そしてこれが，中国の部品サプライヤーの間で，図らずも日本ブランドに合わせた形で製品意匠の標準化が進んだという皮肉な結果を生み出した経緯がある。

　携帯電話の事例と同様に，中国のオートバイ産業もモジュール化による技術障壁の低下と参入過多，そしてその結果としての競争激化に長らく喘いでいた。そこで近年，中国メーカーが新たに目を向けたのが近隣開発途上国の未開拓市場である。Fujita（2018）は中国企業のベトナム進出について，以下の通り報告している。

　中国企業の参入以前，ベトナムのオートバイ産業は少数の日本企業と台湾企業が席巻していた。しかし，これらはハイエンド・モデルのみを生産販売していたので，現地の一般消費者が手にすることは殆どなかった。中国企業はそこに目をつけ，すでに飽和状態にあった中国市場に対し，ローエンド製品の有望な仕向け先としてベトナム市場を位置づけた。

中国オートバイ・メーカーのベトナム市場進出は完成品の輸出攻勢から始まった。しかし，2002年，ベトナム政府は完成車の輸入に高い現地調達比率を課す。その結果，中国企業によるベトナムへの海外展開は，完成車の輸出から部品・付属品などの中間財の輸出，さらには外国直接投資へとシフトし，ベトナムにおける中国企業のサプライチェーンは大きく変容していった。

　このなかで，とりわけ著しい成長を見せたのが，現地のアッセンブラーと手を組んだ中国系部品サプライヤーである。ベトナム人の消費嗜好に関する情報や，現地ディーラーとのネットワークなどを持つ地場企業と協業するメリットは大きい。ことに，ローエンド製品の消費者は専ら地方に散在しているので，現地ディーラーとのビジネスは非常に重要である。実際，この中国系サプライヤーとベトナム系アッセンブラーのチームは，早期から自社ブランドで現地展開している中国資本の大手「リーファン」よりも高い業績を残している。

　このベトナムへの海外展開は，中国メーカーに母国における過当競争からの簡易な抜け道を拓いた。しかしその後は成長戦略としての限界を徐々に露呈することになる。なぜなら，ベトナムの経済成長と国民所得増加によって消費者需要が高度化し，ローエンドのオートバイ市場が急速に縮小したからである。同国のオートバイ市場は，日本，台湾，イタリアなどの外国企業による寡占が進む一方，中国系サプライヤーとベトナム系アッセンブラーのチームは，その低い技術基盤ゆえ消費嗜好の変化に合わせた製品開発を行えず，2010年代には市場から完全に姿を消すことになる。中国企業がベトナム進出を果たした僅か10年後のことである。

5. むすび：「誰と手を組むか？」——ネットワーク効果の重要性

　ここで紹介した中国新興企業のグローバル化に関する二つの事例——携帯電話産業とオートバイ産業——は，途上国企業の発展戦略について大きな問いを投げかけている。すなわち，グローバルな生産ネットワークの中で，いったい「誰と手を組むべきか」という問題である。

これについてCriscuolo et al.（2017）は，ビジネス・パートナーの特性が生産ネットワークを通して企業レベルの全要素生産性（TFP）へ及ぼす影響を検証した。具体的には，中国の企業レベル・ミクロデータと国際産業連関表を用い，国際生産ネットワークにおける企業の相対的な立ち位置とそのパフォーマンスとの関係性をネットワーク理論によって分析している。

　この中で，企業の立ち位置とは次の二つの要素によって決定される。一つは「ネットワーク中心性（network centrality）」，すなわちネットワーク内における他企業との連結関係／連結強度，そしてもう一つはビジネス・パートナーの生産性である。これら二つの要素に対する当該企業のTFP弾力性は，ビジネス・パートナーからのネットワーク効果（peer effect）を表している。図1にあるように，生産性が低い，あるいは規模が小さい企業ほどビジネス・パートナーから受けるネットワーク効果が大きく，生産ネットワークの中で重要なプレイヤーと連結関係が生じたとき，より大きく生産性を上げられることが明らかにされた。

　これは，開発途上国の中小新興企業にとって，国際生産ネットワークのなかで「どの企業と関係を結ぶか」という問題がサプライチェーン高度化の重要なカギとなることを示している。中国のオートバイ・メーカーはベトナムの現地アッセンブラーと手を組み，未開拓市場において短期的利益を獲得した。しかし，このサプライチェーンが技術的な波及効果をもたらすことはなく，消費動向の変化とともに，市場から消え去る末路となった。一方，中国携帯電話メーカーは，メディアテックやクアルコムの技術プラットフォームが切り開いた機会を捉え，先進国の技術エコシステムへの参入を果たす。そして，協業の過程で学習を積む傍ら，グローバル・サプライヤーとのネットワークを構築していった。たとえば，オッポはパワー・チップの開発で米テキサス・インスツルメンツと，そしてヴィーヴォは搭載カメラについてソニーや米アークソフトとの協業を実現した。

　開発途上国にとって，国際生産ネットワークに参加することが経済成長への入り口となることに疑いはない。しかし，その後の持続的発展を確実なも

図1　中国企業へのネットワーク効果

(a) 企業生産性による比較

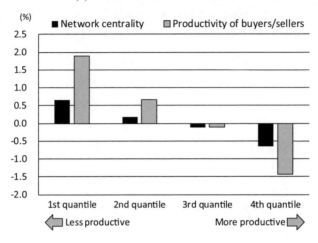

(b) 企業規模による比較

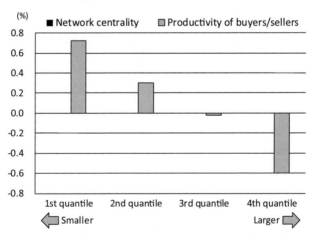

出所：Criscuolo et al.（2017）をもとに，Inomata and Taglioni（2019）のなかで筆者作成。
注：グラフ（b）において，ネットワーク中心性の効果は有意でないので省略している

のとするには,グローバルな技術エコシステムへの積極的なコミットメントと,情報交換・学習を通したサプライチェーン高度化に対する不断の努力が不可欠であることが,以上の議論から明らかである。

参考文献

Baldwin, R. (2016), *The Great Convergence: Information Technology and the New Globalization*, Harvard University Press.
Criscuolo, C., Y. Hashiguchi, K. Ito and J. Timmis (2017), Changing Structure of Global Value Chains and Domestic Firms' Productivity: Evidence from Japanese and Chinese Firm-Level Data, A background paper for *Global Value Chain Development Report 2017: Measuring and Analyzing the Impact of GVCs on Economic Development*, The World Bank Group.
Ding, K. and S. Hioki (2018), The role of a technological platform in facilitating innovation in the global value chain: a case study of China's mobile phone industry, *IDE Discussion Paper Series* No. 692, Institute of Developing Economies, JETRO.
Fujita, M. (2018), How suppliers penetrate overseas market: Internationalization of Chinese firms from the value chain perspective, *IDE Discussion Paper Series* No. 727, Institute of Developing Economies, JETRO.
Inomata, S. and D. Taglioni (2019), Technological progress, diffusion, and opportunities for developing countries: Lessons from China, *Global Value Chain Development Report 2019*, Chapter 4, World Trade Organization, Geneva.
猪俣哲史(2019),『グローバル・バリューチェーン ―新・南北問題へのまなざし』日本経済新聞出版社.
許經明・今井健一(2009),「携帯電話産業 中国市場にみるアーキテクチャと競争構造の変容」,新宅純二郎・天野倫文 編『ものづくりの国際経営戦略 アジアの産業地理学』有斐閣,111–135頁.

Summary

Impact of Global Production Sharing on Cross-National Transfer of Technologies: The Cases of China's Small Emerging Firms

Satoshi Inomata (Institute of Developing Economies, JETRO)

This paper considers the impact of global production sharing on technological transfer across countries. In the beginning of this century, China's small local firms chronically suffered from harsh price competitions within domestic markets. Some emerging firms of the mobile phone industry, however, sought to escape from such low-end competitions by developing supply chains with firms from advanced economies. Meanwhile, those of the motorcycle industry opted to migrate their supply chains to uncultivated markets in growing Vietnam. The study shows that these contrasting globalization strategies led to completely different outcomes, elucidating key determinants of firms' sustainable development.

◇コメント◇

中央大学商学部　伊藤　恵子

　本論文は，グローバル・バリュー・チェーン（GVC）がどのような過程を経て多様化・高度化してきたのかを，主に自動車産業と電子機器産業の事例に基づいて論じている。さらに，GVCの中で急速に技術力を向上させてきた中国と他の先進国間での今後の技術覇権競争や国際関係についても展望を述べている。2018年は，米国のトランプ政権のもとで米中間の貿易問題が深刻化し，さらに個人や国家の情報収集や利用を巡る問題も数多く取り上げられた年であった。情報や知的財産をめぐっては，中国の情報通信関連企業の技術が国家安全保障の観点から問題視され，国家間の外交的摩擦にも発展している。本論文は，こうした世界規模で重要な時事問題に関して，GVCの高度化という文脈から考察している点も興味深い。

　本論文の議論を要約すれば，まず，GVCの形態自体が技術進歩に伴って変化してきたという。先進国の主導企業（クライアント）から発注された比較的低技術・労働集約的な単純工程を途上国企業（サプライヤー）が担うような「従属型」GVCから，より能力の高いサプライヤーがより高度な工程を担う，クライアント企業との「相互依存型」GVCに変化してきている。特に，デジタル技術の進歩は，高い技術を持たない後発企業でも高度部品の製造を可能にした。電子機器産業においては，台湾や中国の新興企業がその低価格を武器に，製品やサービスの規格や仕様を規定するような技術基盤・基幹部品を供給する「プラットフォーム・リーダー」として台頭してきた。

　デジタル技術の進歩は，GVC内における企業間のパワー・バランスや役割を変化させつつ，GVCに参加する途上国の産業や企業が過去に例を見ないスピードで成長することを可能にした。一方，GVCの形態が「従属型」から「相互依存型」，「モジュール型」に変化したことにより，先進国のクライアントが途上国のサプライヤーとの間で先端的な技術も共有しなければならない状況になっている。デジタル技術の進歩とGVCの形態の変化は，途上国が一気

に先端技術を獲得し，サプライチェーンの頂点に駆け上がることを可能にするかもしれない。実際，中国が一気にサプライチェーンの頂点にくる可能性は高まっており，米国の技術的覇権を脅かす存在になりつつある。以上が本論文の主張である。

本論文は技術の変化，GVC内での企業間パワー・バランスの変化，途上国企業の成長との関係を事例を交えて明快に論じている。以下では，本論文の議論に関連し，このような変化の中でGVCにおける日本企業の役割，地位はどのように変化していきているのか，日本企業が今後もGVCの重要なプレイヤーであり続けるために何が必要かといった視点から主に2点コメントする。

第一点目は，GVC内での相互依存関係構築によって，途上国のいくつかの新興企業がGVC内で台頭してきた点についてである。途上国企業であっても，デジタル技術開発競争に勝つことによってサプライチェーンを一気に押さえることが可能になった。先進国企業の技術的優位性が一瞬にして失われ，技術的な覇権を握る国・企業が目まぐるしく交代することになるかもしれない。こうした中で，国も企業も常に技術開発競争の動向を把握している必要があり，「誰と相互依存関係を構築すべきか」を常に戦略的に考えなければならないだろう。現状，日本企業は外国企業と相互依存関係を構築できているのだろうか。

自動車産業などを典型的な例として，日本企業は海外においても日本での取引関係を維持し，日系企業どうしの取引が多いことが指摘されてきた。経済産業省の『海外事業活動基本調査』によれば，日系現地法人の進出国現地売上高のうち，製造業では約40％，非製造業では約15％が日系企業向けである。この比率は，公表データが入手可能な2009年以降ほとんど変化していない。

また，主要国企業の企業間取引関係，資本関係，特許共同所有関係の実態を分析した戸堂・柏木（2017）によると，日本企業は国内では密なつながりを持っているが，世界の企業と十分につながれていないという。さらに，飯野ほか（2017）は，日本企業は特許の国際共同所有が他国より少なく，それが特許の質を相対的に下げていると指摘している。

これらのデータは，日本企業を巡る取引や技術のネットワークは，他国企

業のそれと比べて相対的に多様性が低いことを示唆する。本論文で考察しているように、優位性を持つ他社との相互依存関係の構築が、サプライチェーンにおける自社の支配力向上と多くの「分配」獲得につながるならば、GVCの中でどのような企業と相互依存関係を構築するかは、日本企業がGVCにおいてキープレイヤーであり続けるために重要な問題である。

　もちろん、日本企業や政府も外国企業との間で信頼関係を構築し、ネットワークの多様性を増していくことの重要性は認識しているであろう。海外の特に新興国企業との取引や共同研究にはさまざまなリスクが伴うものの、ある程度のリスクは許容してでも、国内大企業を中心とした既存のネットワークを打破しなければ、GVCにおける日本企業の支配力・交渉力が低下する結果となりかねない。政府としては、国内外の新興企業とのマッチング支援や、大型プロジェクトへの外国企業参入を推進することも必要ではないだろうか。日本の場合、税金を投入した国家的な科学技術プロジェクトやインフラ整備は、「オール・ジャパン」で推進するという意識が高いように感じる。「オール・ジャパン」のメリットもあろうが、GVCの観点からはプロジェクトの初期段階から外国企業を参入させることの意義や必要性も認識すべきであろう。

　第二点目は、今回の全国大会における共通論題テーマである『第4次産業革命の衝撃』に関連してコメントを述べたい。ジュネーブ国際高等問題研究所のボールドウィン教授はその著書で（Baldwin 2016）、情報通信コストの低下によって、財の生産工程が高付加価値工程と低付加価値工程に分割され、両工程が地理的に離れた場所に配置されることが可能になったと説明している（Second unbundling（第2の分離）と呼ぶ）。近い将来、さらに通信速度や容量が上がると、遠く離れていても対面のようにスムーズな会話が可能になるという。また、自動翻訳技術の進歩により、言語の壁も格段に低下することが予想されている。対面コミュニケーションのコストが大幅に下落すれば、現在は先進国に集中している知識集約的な工程や部門が地理的に近接する必要はなくなり、今後も先進国に「知的資本」が集積するとは限らない。現在は先進国に残っている高スキル非定型業務も海外にアウトソーシングされ、高

スキル非定型業務従事者の職も奪われかねない。

このように，第4次産業革命は，先進国と途上国とが知的労働集約的な部門においても競合関係におかれるような状況をもたらすかもしれない。そのとき，日本は高スキル非定型業務における優位性を保てるであろうか。言語の壁がなくなることは，外国語能力の低い日本人技術者にとっては有利に働くかもしれない。しかし一方で，日本は製造業のみならず，情報通信サービスや研究・ビジネスサービスなどの産業においても，すでにGVC内でのプレゼンスを低下させている。米国やドイツ，英国などの欧米諸国は，製造業では日本と同様にGVCにおけるプレゼンスを低下させているものの，これらサービス業においては諸外国との取引が増加しており，プレゼンスはむしろ上昇している（Criscuolo and Timmis 2018）。製造業においてもサービス業においてもGVC内のプレゼンスを相対的に低下させている日本が，第4次産業革命のもとで技術の国際標準を握り，GVC内で一定の支配力を持ち続けられるのだろうか。官民ともに危機感を持って迅速に何らかの改革を推し進める必要があるのではないだろうか。

例えば，図1は，日本の主な産業別に，2000年＝100として2010年におけ

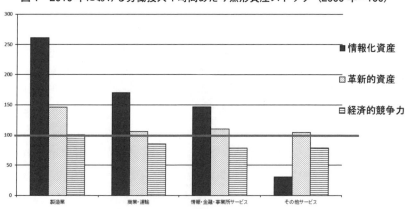

図1　2010年における労働投入1時間あたり無形資産ストック（2000年＝100）

（出所）JIPデータベース2015に基づき筆者作成。

る労働投入1時間あたり無形資産ストックを示したものである。その他サービス業については、ソフトウェアなどの情報化資産ストックが大幅に減少している。さらに、製造業以外の産業ではブランド資産、人的資本、組織資本などを計測した経済的競争力も減少しているなど、無形資産や人的資本への投資低迷は深刻である。

本論文で考察しているように、技術の変化への対応がGVC内でのパワー・バランスを決める重要な要因になる。無形資産への投資と人材育成を急がなければ、高スキル非定型業務も新興国に移転してしまう可能性がある。従来から指摘されているが、研究開発型ベンチャーの成長を促すことや、労働市場改革によって成長企業が優秀な人材を獲得できるような仕組みを整備することなど、緊急に対応すべき課題は多い。

参考文献

Baldwin, R. (2016), *The Great Convergence*, The Belknap Press of Harvard University Press.
Criscuolo, C. and J. Timmis (2018), "GVCs and Centrality: Mapping Key Hubs, Spokes and the Periphery," OECD Productivity Working Papers No. 12, OECD.
飯野隆史・井上寛康・齊藤有希子・戸堂康之（2017）,『企業間の共同研究ネットワークはイノベーションの質的パフォーマンスを向上させるか？―世界の大規模データによる国際比較―』RIETI DP 17-J-034, 経済産業研究所.
戸堂康之・柏木柚香（2017）,『グローバルな企業ネットワークから見た日本企業の現状』RIETI PDP 17-P-004, 経済産業研究所.

共通論題

ICTの発展とオフショアリング

大阪市立大学　高橋　信弘*
国士舘大学　　平川　　均
九州産業大学　中原裕美子
名古屋工業大学　徳丸　宜穂

要旨

　情報通信技術（ICT）の発展に伴い，ものづくりとサービス業のいずれにおいても，研究開発や生産などのオフショアリングが拡大している。そのため，企業間の国際的な提携も活発になっている。本論文は，それらが経済活動に与える影響を分析するとともに，貿易理論の展開の方向性について考察する。さらに，日本経済と日本企業が，ICTの発展とオフショアリングの拡大の中で今後どうしていくべきかについて検討する。

キーワード：オフショアリング，第4次産業革命，スタートアップ・エコシステム

1. はじめに

　第4次産業革命やIoT，AIなどの発展によってビジネスの動きがどう変化するのかを語るとき，よく使われる言葉に，デジタル化，製造業のサービス化，自動化がある。デジタル化とは，生産やサービスのすべてをデジタルで表そうとするものである。製造業のサービス化とは，例えばGEが航空エンジンの燃費のデータを集めて効率的な飛行の方法を提供するといった，製造

---

* E-mail: nobuhiro@bus.osaka-cu.ac.jp

業がその製品を使ってサービスを提供するものである。こうしたサービスは，膨大なデータとAIを駆使して行うため，他の企業が容易に真似できるものではない。そして自動化とは，ロボットの導入や，AIによる業務の遂行あるいは支援などをさす。これにより，省力化や，業務の迅速化が実現する。

その具体例として，自動車を挙げよう。現在，多くの企業が自動運転の研究を進めている。自動運転には，前方にある人や物を正確に識別する画像認識の技術が用いられており，よって高性能の画像認識用のGPU（Graphics Processing Unit[1]）が必要となる。このため現状では，自動運転の研究においてシリコンバレーなどのICT企業の製品を使わざるを得ない。

また，自動運転や自動ブレーキなどの機能は，ソフトウェアに依存する部分が大きくなる。よって各自動車は，常にソフトウェアをアップデートし，その性能で価値を競う状態となる。つまり，自動車の価値を決めるものが，ハードウェアよりもソフトウェアとなるのである。

さらに，自動車のビジネスのあり方も変わってくる。インターネットの普及や技術進歩によって，これまで互いに存在を知らなかった人たちがつながることが容易になった。こうして，インターネットを介して個人がモノ，スペース，ヒト（労働力），カネを貸し借りするシェアリングエコノミーが発達する。すると，自分が自家用車を使わないとき，それを貸し出すことが簡単にできるようになる。その結果，自動車を所有する人の比率が減少し，自動車の販売台数が現在よりも少なくなることが予想される。

このように，情報通信技術（ICT）の発展によって，製品の性能が変わるだけでなく，ビジネスのあり方が大きく変わる。その変化に適応できない企業は淘汰されることとなる。

そうした状況の中で，トヨタ自動車は，2015年9月にスタンフォード大学やマサチューセッツ工科大学とAIの共同研究を行うと発表した。そして2016年1月に，カリフォルニア州パロ・アルトにToyota Research Instituteを

---

[1] 3Dグラフィックスを表示するために必要な計算を処理するプロセッサー。

設立して，自動運転などAIを使った研究を行うようになった。ところが，その後の2018年8月，トヨタはウーバーに出資することを発表し，さらに10月，日本のソフトバンクとの間で，自動運転に関する合弁会社を設立することを発表した。このことは，トヨタが自動運転技術の独自開発に限界を感じて，他社と連携するほうが早道であると判断したことを意味する。

　以上が示すように，今日，製品開発の上でICTの重要性が高まっている。そして，ICTにおいては，シリコンバレーの企業が世界をリードしており，日本企業との技術力の格差は極めて大きいのである。

　ここで3つの逸話を紹介する。第一は，AppleのiPhoneやiPadの音声認識機能であるSiriについての話である。Appleは，Siri社を買収してこの機能を得た。

　Siri社は，SRIインターナショナルの人工知能プロジェクトからスピンオフして2007年に設立された企業である。Siri社は，この音声認識機能を日本の多くの企業に売り込んだが，日本企業はどこも買わなかった。その後，Appleのスティーブ・ジョブズが自らSiri社に電話して，2010年4月にSiri社を買収した。この買収がニュースで流れると，多くの日本企業がSiri社へ電話して，「まだ音声認識機能を買えますか」と尋ねた。このように，多くの日本企業は，Siriを手に入れることができたのに，その機会をつかみ損ねたのである。

　どうして日本企業はその機会を逃したのか。それは，多くの日本企業がリスクを避ける行動をとりがちであることに起因する。日本企業は，Siriの技術が優れたものかどうか判断できず，それゆえリスクをとれないため，それを買うことができなかった。その技術がどれだけ優れているのかについて確固たる証拠がない状況で，巨額の資金を投資することは，日本企業にはなかなかできないのである。

　だが，ICTの世界では，スピードが大事である。つまり，技術は日々進歩している。そして新しいビジネスが次々と生まれる。他社に少しでも遅れれば，ビジネスにおいて致命的な失敗となり得る。したがって，ICTに関する

ビジネスにおいては，スピード感を大切にすべきであり，そのためには，失敗を覚悟で買収を進めなくてはならない。

このことは，ICTの重要性が高まっている世界において，日本企業の特徴である，リスクを避ける，そして決断に時間がかかるという経営のあり方が，日本企業の競争力を低下させることを示唆している。このままでは，世界のICT企業との技術力の差がますます大きくなっていく可能性がある。

第二の逸話は，日本のある大手ICT企業の今後の方針についての話である。この企業は，ICTのハードウェア及びソフトウェアで多くの製品やサービスを国内外で販売しており，今後AIをビジネスの柱にしていこうとしている。そのためこの企業は，多くのSE（システムエンジニア）を，AI部門へ移行するという経営方針を打ち出した。すると，これまでそのSEが担当していた多くのシステム開発の仕事をする人がいなくなる。そこで，その仕事を，その会社が持つ多数の協力会社，つまり下請け企業に担当させる。そして，これまで協力企業が担当してきた仕事を，中国やベトナムなどへのオフショア開発によって行う，という計画である。

この方針は，AIに力を入れるために社員をその部門へ配置転換するという，一見すると，将来を見越した優れた経営方針のように見える。しかしながら，この方針は，シリコンバレーの大企業とは大きく異なる。シリコンバレーの大企業は，AIの研究開発のために，米国の大学で博士号を取りたての人材や大学の准教授などを含むAIの専門家を，数十人あるいは数百人単位で採用している。また，AIのベンチャー企業を次々と買収して，優秀な人材を集めている。

これに対し，上述の日本企業は，ベンチャー企業の買収も行っているが，その数は，シリコンバレーの大企業と比べるとごくわずかである。また，日本のSEには，最先端の技術を持つ人材や，新しい発想を生み出せる人材は，シリコンバレーと比べて少ない。よって大量のSEを配置転換してAIの開発をしても，シリコンバレーの大企業と勝負するのは難しい。

なぜ上述の日本企業は，シリコンバレーの企業のようにAIの研究者を社

外から集めるのではなく，社内にいる SE の大規模な配置転換をするのか。その理由は，日本の終身雇用制にある。米国では，例えばグーグルのような大企業でさえ，数年で辞めていく人が多数いる。それに対し日本の大企業では，採用された社員の多くが長く勤める傾向にある。よって，日本で AI 開発のためだけに人材を大量に採用したとき，その大量の社員を長期に渡り抱えることが経営的に難しいので，配置転換を選んだ。つまり，人材の流動性が低い日本では，米国式の採用は難しいのである。

　第三の逸話は，企業間の連携についての話である。シリコンバレーに，自動運転技術に必要な製品を造っている，ある大手 ICT 企業があった。そこへ，ドイツと日本の自動車会社がそれぞれ，その製品を購入したいと言ってきた。ただし，そのドイツ企業と日本企業の間には，その対応に大きな違いがあった。ドイツの自動車会社は，そのシリコンバレー企業を，共同開発のパートナーとして扱おうとした。一方，日本の自動車会社は，同じシリコンバレー企業に対し，製品とそれに関する情報のみ欲しい，あとは自分でやる，という態度だった。よってそのシリコンバレー企業は，ドイツ企業と組めば自社の技術が発展するので，提携を行った。一方，日本企業に対しては，あまりメリットを感じないので，商談が進まなかった。このように，日本企業の多くは研究開発に関する自前主義の傾向が強く，他社との共同開発も実施しているものの，欧米企業に比べると活発でない。特に，外国企業との共同開発については，積極性に大きく欠ける。

　以上の三つの逸話が示唆するように，世界の ICT 企業は，人材の流動性の高さをもとに高い研究開発能力を実現しており，そしてスピードを重視して失敗を恐れず果敢にビジネスを行っている。これに対し日本企業は，人材の流動性が低く，そして失敗を恐れているために経営にスピード感がない。また，世界の ICT 企業は，技術開発を進めるために，高い技術を持つ企業との連携や，新しい技術や製品・サービスを開発したベンチャー企業の買収を，国内外を問わず活発に行っている。これに対し日本企業は，研究開発を自社だけで行おうとする自前主義の傾向が強く，特に外国企業との提携や買収は

活発でない。これらのことは，日本企業が，世界市場において2000年以前に持っていた国際競争力を失っていることの大きな原因の一つとなっていると考えられる。したがって，人材の流動性，スピード感を持ち失敗を厭わない姿勢，そして研究開発のための国際的な提携や買収の実施という点において，日本企業のガバナンスを根本から変えていかないと，世界のトップ企業との技術力や商品開発能力の差はますます大きくなる。すると将来，日本企業の商品が売れなくなり，よって日本の稼ぎ出す付加価値が低下し，その結果日本が貧しくなっていく。それゆえ，第4次産業革命は，日本企業に対しそのガバナンスを変革することができるのかどうかを迫っているのである。これが本論文の問題意識である。

2. インダストリー4.0と技術開発をめぐる競争

ICTの発展によって，ものづくりはどう変わるのか。それを理解するために，本節では，ドイツで進んでいるインダストリー4.0（Industrie4.0 第4次産業革命）について考察する。

2.1 インダストリー4.0の目的

インダストリー4.0は，4つの側面から構成されている。それは，水平統合，垂直統合，エンジニアリングのデジタル一貫性，人の役割の変化である。水平統合とは，企業横断的な協業体制であり，中小企業，大企業，部品業者，最終組み立て業者などをネットワークで繋ぐ。次に，垂直統合とは，一企業内のサプライチェーンの垂直的統合である。この代表例が，シーメンスが開発した，個別大量生産（マスカスタマイゼーション）システムである。これは，大量生産のような低コストで，個別の消費者の好みに応じた差別化された製品を生産するものである。そして，エンジニアリングのデジタル一貫性とは，サイバー空間で生産を再現し全体をコントロールしようとするものである。こうした全体のコントロールによって，効率的な生産を実現する。また，人の役割の変化とは，労働組合の支持を得るような労働環境の整備であ

る。ドイツは1980年代に，生産工程から徹底的に人を排除しようとする取り組みを行ったが，それは従業員の支持を得られず，失敗に終わった。その経験に基づくものである（大野2016 pp. 14–16）。

インダストリー4.0が従来の生産方式と決定的に違う点は，4つのキーワードで説明される。それは，自律的判断，最適化，柔軟性，生産性向上である。自律的判断とは，機械が自律的に判断し行動することを意味する。そのときどきの生産や需要，在庫の状況などを見て，機械が自動的に効率的な生産を判断し，実行するのである。次に，最適化とは，コスト，時間，エネルギーなどすべてを最適化するよう行動することである。そして，柔軟性とは，いかなる指示にも短時間で答える柔軟性を有するという意味である。また，生産性向上とは，以上の自律的判断，最適化，柔軟性により，飛躍的な生産性の向上が可能になることである（岩本2015 p. 67）。

インダストリー4.0の目的の一つは，ドイツ国内の大企業と中小企業の工場を連携させて生産性を向上させ，国内生産を増やすことである。これまでのドイツは，しばしば，品質は高いが斬新さに乏しく，また生産コストが高いために，国際競争上不利になることがあった。そこで，在庫を減らしエネルギーコストを抑えて生産性を高めるとともに，マスカスタマイゼーションを実現して，高付加価値な製品を安価に提供することで国内生産の競争力を高めようとしているのである。その一方で，ドイツ企業は，外国子会社や外国企業との連携を通じて競争力を高めようとする動きを強めている。このため世界の多くの企業が，ドイツ企業との連携を検討中である。例えば台湾や韓国の企業がドイツに何度も訪問してインダストリー4.0に基づく提携を模索しており，鴻海精密工業はインダストリー4.0への対応を表明している（尾木2015 pp. 156–158）。

インダストリー4.0仕様の工場の新興国への輸出の一例として，シーメンスが，BMWの組立工場を中国にフルターンキー（設計から機器・資材・役務の調達，建設及び試運転までの全業務を一括して請け負う契約）で納入した事例がある。この事例では，現地作業員は，単純な制御を担うのみで，習

熟が不要であるにもかかわらず，BMWの全車種を1本の生産ラインで製造（変種変量生産）し，99％以上の高い稼働率と高品質の生産を実現した。

このように，現地作業員は単純な制御を担うのみであり，高い習熟を要しない。複雑な制御等のノウハウはブラックボックス化されている。これは，日本型の変種変量生産が，生産現場の作業員の習熟に依存する部分が大きく，ノウハウも漏洩しやすいのと対照的である（経済産業省経済産業政策局 2014 p. 9）。

インダストリー4.0の事例をもう一つ挙げる。それは，自動車部品を生産するボッシュ社のブライヒャッハ工場にある，スマートなマザー工場である。ボッシュ社は，このマザー工場と，世界に所有する11の工場，そしてその工作機械をネットワーク化した。そして，いわゆるチョコ停（設備の瞬時停止）の発生原因など現場の経験を共通知識データベース化し，11の工場すべてで活用できるようにしている。また，問題が発生すると，11の各工場の現場がマザー工場へ連絡して技術的なアドバイスを得られるようになっている（藤野・近野 2016 p. 15）。

以上の二つの事例が示すのは，デジタル化を通じた，生産技術部門における技術や業務ノウハウの形式知化である。これにより，多国籍企業が企業全体で生産を効率化するとともに，その生産の核となるオペレーションについてはブラックボックス化して技術流出を抑制し，自社の優位性を維持しようとするものである。

2.2 新興国の対応

中国，インド，その他の新興国の政府は，ドイツ政府との間でインダストリー4.0の推進に向けたMOU（Memorandum of Understanding 了解覚書[2]）を締結するなど，国を挙げてインダストリー4.0を取り込んでいる。なかでも中国は，標準のすり合わせのための会議を毎年開くなど，積極的に行動している（表1）。

---

[2] 行政機関等の組織間の合意事項を記した文書であり，通常，法的拘束力を有さない。

表1　ドイツ政府と新興国の間でインダストリー4.0の推進に向けた連携事例

国	発表日	概要
中国	2015年7月	MOU締結，標準化に向けた会議を年1回開催
インド	2015年4月	MOU締結
チェコ	2015年10月	MOU締結
エジプト	2016年9月	エジプト工業連盟が標準化に関する協力を表明
タイ	2017年5月	MOU締結

出所：小宮・近野（2017）表1を基に作成。

　表1にあるように，他のいくつかの新興国も，中国と同じく，インダストリー4.0を積極的に取り込もうとしている。特にインドは，政府が製造業の育成を目指すMade in India政策を掲げているほか，インフォシスやタタ・コンサルタンシー・サービスなどのICT企業がGE，シーメンスなどと提携している（小宮・近野 2017 pp. 24–33）。

　一方で，中国企業は近年，国際的なM&Aを通じて技術を獲得する動きを加速させている。特に2010年代に入ってからは，中国企業が成長し，買収先企業がより大型化している。

　中国企業による外国企業の買収は，2000年代に入った頃より増え始めた。2000年代の意図は，日本の中小企業の技術を求めてのものが多かった。
具体例：
2001年　上海の大手繊維メーカーである嘉楽グループが，兼松繊維のアパレル製造・販売会社チャレンジ・ジャパン（新潟県加茂市）を買収。
2001年　上海の大手総合電機メーカーである上海電気集団が，アキヤマ印刷機製造（東京都葛飾区）を買収（アキヤマは表裏両面を同時にカラー印刷できる機械を1995年に世界で初めて開発した）。
2002年　上海の洗剤メーカーである上海白猫が，業務用冷蔵庫製造の上海常陸双鹿冷櫃を買収。

　しかし，2010年代に入ってからは，中国企業が成長してきて，買収先企業がより大型化する，つまり大企業の買収が増加することにより，意図も多様化してきた。2010年代の意図は，外国企業の技術に加えて，ブランド，

ライセンス利用権，販路などに広がっている。

具体例：

2010年　浙江吉利控股集団が，スウェーデンを代表する大手自動車メーカーVOLVOカー・コーポレーションを13億ドルで買収。

2011年　家電量販大手・蘇寧が，三菱重工のエアコンの中国におけるブランド運営権を買収。

2012年　海爾（ハイアール）が，三洋の白物家電事業を買収。

2014年　TCLが，三洋電機がメキシコに持つ液晶テレビ工場と工場運営会社の株式90％を買収。

2015年　長虹が，中国での三洋ブランドのテレビ事業を買収。

2015年　創維（スカイワース）が，東芝のテレビと二槽式洗濯機の製造拠点であるインドネシア社を買収。

2016年　ハイセンスが，シャープの北米でのテレビ事業やライセンス利用権などを買収（鴻海がシャープを買収する前）。

2016年　美的が，東芝の白物家電事業の株式80.1％を買収。

2016年　美的が，ドイツのインダストリー4.0推進のリーダー的存在であったクーカ社の株式を買収（TOB：株式公開買い入れにより94.55％取得）。

　最後の美的の事例が示すように，中国企業は，インダストリー4.0をリードするドイツ企業の買収を行っている。さらに，「欧米諸国の経済の競争力に関わるような技術を持つ企業を狙ったM&Aが目立つようになり，（欧米諸国の：引用者注）警戒感につながっている。」[3]

　ここから分かることは，中国企業は，インダストリー4.0に積極的に参画し，その動きに乗ろうとしている。その一方で，中国企業は，国際的なM&Aを通じて技術を獲得する動きを加速させているのである。

　以上をまとめると，インダストリー4.0においてオフショアリングが積極的に行われているが，ドイツ企業による技術のブラックボックス化は，技術流出を防ぐ役割を果たしている。一方で，デジタル化それ自体は，新興国が

---

[3]　『日本経済新聞』2018年6月20日。

その技術を得やすくする。したがって，インダストリー4.0は，先進国と新興国が，技術の優位性を得るための新たな形の争いを生み出している。

3. 比較優位の概念についての考察

次に，ものづくりにおけるオフショアリングが，貿易理論にどのような影響を与えるかを考えてみよう。

技術進歩は，ものづくりに関するオフショアリングを拡大させた。ICTの発展により通信コストが低下し，またモジュール化などにより生産工程を分割することが容易になったため，生産工程の外国移転が容易になった。GVC（グローバル・バリュー・チェーン）を活用した国際的な生産工程の複雑化は，こうした技術進歩が背景にある。

オフショアリングによる外国生産の拡大は，比較優位を変化させる。生産工程の外国移転には，多国籍企業がその子会社を設立する場合だけでなく，アップルがEMS（Electronics Manufacturing Service）を使って鴻海精密工業に生産させているように，資本関係のない企業に組立工程を委託する場合もある。いずれの場合も，しばしば技術移転が起こる。というのは，生産を委託される側は，その生産を通じて製品や生産方法についての技術を学ぶことができるし，また生産を委託する側が技術指導をすることも多々あるからである。こうしたオフショアリングの拡大は，それを行う国の比較優位を流出させる。従来ある国で生産されていた財が，オフショアリングにより他の国で生産される。その結果，ある国が，その財の輸出国から輸入国へと変わるのである。

しかも，ICTの発展などにより生産工程の分割が容易になったことが，オフショアリングを加速させる。ボールドウィンは，この生産工程の分割を，第2のアンバンドリングと呼んでいる（Baldwin 2011）。つまりICTの発展は，比較優位の流出を拡大させることとなる。

例えば，ベトナムのある企業がホンダと下請け契約を結ぶ。よってその企業はバイクの部品を生産する。ホンダは，その企業にエンジニアを派遣して，

生産管理のノウハウを伝え，よってその会社は日本式の生産管理モデルを構築した。その会社は売り上げの80%がホンダ向けだが，他の日本のバイクメーカーとも下請け契約を結んだ。

これにより，ベトナムは新しい比較優位を得た。一方日本は，部品の輸入国になり，比較優位を失った。ただし，ホンダという企業の競争力は向上した。ホンダの競争力は，国境を越えたバリュー・チェーンにより決まるようになった。一方，バイクにおいてホンダのライバル関係にあるBMWは，インドで部品調達を行っている。すなわち，オフショアリングによって企業の競争力は国境線を越えたものとなり，ホンダのバリュー・チェーン対BMWのバリュー・チェーンの争いとなる（Baldwin 2016）。したがって，貿易のあり方を決めるのは，伝統的な貿易理論が想定するような比較生産費や生産要素賦存量よりも，企業のあり方となるのである[4]。

それゆえ，オフショアリングの起こる世界では，その国の貿易がどのように起こるのかを理解するための概念として，比較優位よりも絶対優位のほうが有用となる。こうした考え方に基づき，技術ギャップアプローチという考え方が広がっており，いくつもの実証研究がなされている。それらの実証研究は，工業国の幅広い産業において技術革新の取り組みと輸出に正の相関があること，そして，伝統的な価格指数よりも技術ギャップの変数の方が有意な結果が出ることが多いことを明らかにしている（Milberg and Winkler 2013 p. 91）。

また，オフショアリングは，国内の所得格差を拡大させるよう作用すると考えられる。なぜなら，低付加価値工程が海外へ移転されると，技能の低い人たちが職を失う，あるいはその人たちの所得が低下するためである。財の輸入に関する実証研究のほとんどは，低付加価値製品の生産が外国へ移転されて，輸入されるようになると，国内でそれを生産する人への労働需要が減少する一方で，高付加価値の製品を作る人への労働需要は維持されることを明らかにしている。

---

[4] さらに，現代の貿易は，ワインと衣類を交換するという伝統的な貿易のイメージではなく，仕事量を貿易しているのである（Grossman and Rossi-Hansberg 2006）。

4. サービス業のオフショアリング

次に，ものづくり以外のオフショアリングが現在どれほど発展しているかについてみてみよう。

近年，ビジネス・プロセス・アウトソーシング（BPO）が拡大している。欧米諸国からのBPOは，近隣のカナダやメキシコだけでなく，南米やインド，フィリピンなど多くの国で実施されている。そして日本でも，中国の大連，瀋陽，長春などへBPOを行う企業が数千社かそれ以上ある。給与計算などの事務作業のほか，データ入力，コールセンター業務など様々な業務のBPOがなされている。こうした中国へのBPOの魅力の一つは，中国へ業務委託すると，コストが削減されるだけでなく，ミスが減少する場合が多々あることである[5]。

また，ソフトウェアのオフショア開発も，急激に拡大している。その結果，インドや中国，ベトナムなどで，ICTの大企業が台頭している。そして先進国にとっても，オフショア開発のもたらす効果は大きい。これによりシステム開発の需要が高まっている時期にエンジニアが不足する状況が緩和されるとともに，企業はシステム開発のコストを削減することができる。もしオフショア開発がなければ，システム開発のエンジニアが不足することにより，開発が予定通りに進まなかったり，開発コストが上昇したりしたであろう。したがって，オフショア開発は，先進国でのシステム開発において重要な存在となっている。

さらに，BPOとオフショア開発は，先進国において雇用を拡大させ，経済を活性化させる効果を持ち得る。2003年ごろの米国においては，オフショア開発や海外へのアウトソーシングの拡大により，ICT産業では雇用が減少

---

[5] ミスが減少する大きな理由は，日本から業務委託を受ける企業は事務作業等を専門に取り扱う会社であるので，一般の企業に比べて事務処理効率化のためのノウハウを多数持っていることである。さらに，BPOのための企業は中国に多数存在し，ミスが多いと同業他社に仕事を奪われてしまうため，ミスを減らそうとする競争原理が働くことが挙げられる。

した。その一方，それ以外の多くの産業では，オフショア開発などにより経費削減が実現したので，新規投資を拡大させた結果，雇用が増加した。

しかしながら，オフショアリングによる経済のグローバル化の進行は，市場における競争を激化させ，市場価格を低下させる働きがある。高橋（2013）による日本のオフショア開発の研究が示したように，ソフトウェアのオフショア開発は，日本企業にとって，かつてのパートナー企業がその後ライバル企業になるという結果を招いた（図1）。つまり，オフショア開発は，市場価格を低下させるだけでなく，中小ソフトウェア企業の経営に悪影響を与え得る。

このように，BPOとオフショア開発は，外国企業が日本市場に低価格で参入する機会を生み出すため，それと競合する国内企業の経営に悪影響を与える。さらに，そうした国内企業で働く労働者の賃金を低下させるよう作用する可能性がある。したがって，BPOとオフショア開発は，一国内の所得格差を拡大させるようはたらくと予想される。

また，米国では近年，企業がフリーランサーに仕事を発注することが増えている。よってヒューマンクラウドが形成されている。つまり，オンライン上で仕事を受注し，その仕事をする人が増えているのである。

フリーランスマーケットプレイスのアップワーク（Upwork）社とサポート団体フリーランサーズ・ユニオン（Freelancers Union）が調査会社エデルマン・インテリジェンス（Edelman Intelligence）に依頼した調査 "Freelancing in America: 2017" によると，2017年の米国におけるフリーランス人口は，推

図1　日本のソフトウェア開発に関するグローバル化の展開

```
日本企業と中国企業の協力
→日本企業の技術力低下と中国企業の技術力上昇
→日本市場における日本企業と中国企業の競争
→日本市場における価格下落圧力
```

出所：筆者作成。

計で総就業人口の36%，5730万人にのぼる。ここでのフリーランスの定義は，会社に勤めながらも副業を得ている人も含む。なお，かなりの高給の人も少なくない。例えばソフトウェアエンジニアのなかには，時給1,000ドルといった人もときどきいる。

　米国では，昔から，記者，編集者，デザイナー，翻訳者などのフリーランサーは多かった。ICTの発展などの理由により，その数はさらに増えている。UBERのドライバーもそれに当たる。さらに，ホワイトカラー的なフリーランス業務で増加しているものの一つが，バーチャルアシスタントである。電話・ビデオ会議やオンラインプロジェクト管理，ログイン情報共有ツールなどを使うことで，そのオフィスにいない人が，遠隔で従来の秘書業務を行う。例えば，個人や中小企業，スタートアップなどが常勤社員を増員することが難しい場合には，バーチャルアシスタントを活用することでその時々の業務を処理することができる。

　米国のヒューマンクラウドには外国人も多数参入している。このことは，貿易論の観点からみれば，高度な技能集約的業務さえもオフショアリングが可能であることを意味する。ものづくりにおいては，低付加価値工程が海外へ移転されることが多かった。だが，インターネット経由でできる仕事には，低付加価値工程だけでなく，一部の難しいソフトウェア開発のような，極めて高い技能が必要とされる業務でさえも，海外へ発注される事例が起きているのである。これは，従来の比較優位の概念が想定する世界とは全く異なる状況である。

　以上のように，ICTの発達に伴う海外へのアウトソーシングやヒューマンクラウドへの外国人材の参入などのオフショアリングの増加は，その国の労働者を海外の労働者との競争にさらすこととなる。よって，その仕事の価格を引き下げる圧力が生じる可能性がある。しかも，比較的スキルの低い仕事ほど，海外からの参入が容易になるため，先進国内では，所得の低い労働者への影響が大きくなる傾向にある。したがって，ヒューマンクラウドは先進国においてその国内の所得格差を拡大させると予想される。

5. 日本におけるICTの発展に向けた施策

5.1 日本企業にとってのオフショアリング活用のメリット

こうしたなかで，日本企業はどうすべきかを考えてみよう。

日本企業にとって，オフショアリングを活用することは，その発展の機会を与えるものである。特に，ものづくりにおいては，多くの日本企業が，日本で部品を作りそれを中国や東南アジアで組み立てて先進国へ輸出するという三角貿易を行うとともに，新興国での販売も増やそうとしている。日本の経済成長率が向上しない中で，多くの日本企業が世界市場での販売に力を入れる今日，オフショアリングの活用は欠かせないものとなっている。

世界でも，ものづくりにおけるオフショアリングの重要性が拡大している。図2が示すように，自動車に関して，最終財よりも部品の輸出の方が大きく増加し，そして先進国よりも新興国の輸出の方が大きく増加している。これは，生産工程のフラグメンテーションが進んでいることを意味する。

図2 新興国と先進国における自動車及び自動車部品輸出額の拡大率

期間	自動車 (I6)	部品 (I6)	自動車 (アメリカ、ドイツ、日本)	部品 (アメリカ、ドイツ、日本)
1988〜1998	1.0	13.9	1.3	1.6
1998〜2008	5.2	9.9	5.2	2.6

■ I6　■ アメリカ、ドイツ、日本

I6：中国，インド，韓国，ポーランド，インドネシア，タイ
注：10年間の拡大率。例えば，左端の1.0は，1998年の値が1988年の値と同じを意味する。
出所：Baldwin（2016）邦訳 図45。

また、ものづくり以外でも、日本企業によるオフショアリングの活用が今度も続くであろう。上述のように、BPO やオフショア開発も、企業のコスト削減等に大きな役割を果たしている。

　さらに、日本の中小企業や中堅企業の中には、国内で採用が困難な人材を新興国の子会社を通じて確保している場合がある。徳丸（2018）は、金型を生産する日本企業が、ベトナムに子会社を作ることで、日本国内の事業を継続発展させている事例を分析している。この企業は、設計に CAD など ICT のツールを使うが、そのための大卒人材の採用に苦労していた。そこでベトナムに子会社を設立し、大卒者を採用し、設計を任せることとした。当初は技術指導をしたが、現在では難易度が相当高い設計を任せている。こうしてオフショアリングを活用することで事業を存続しているのである。

　このように日本企業にとってオフショアリングの活用のメリットは大きい。そのため、日本からのオフショアリングは今後も拡大していくと予想される。また、中国、インドなどいくつもの新興国がインダストリー 4.0 に取り組んでおりドイツからの投資を積極的に受け入れようとしていることが示すように、世界においてもオフショアリングは拡大していくであろう。なお、世間には、AI や IoT の発展が新興国へのオフショアリングを不要にするとの見方もあるが、本論文が示すように、それは正しくない。むしろ AI や IoT の発展が、オフショアリングを拡大することが十分あり得る。

5.2　研究開発における自前主義からの脱却

　上述のように、オフショアリングは今後も拡大していくと思われる。同時に、このことが日本国内の所得格差を拡大させる可能性がある。日本はこれにどう対応していけばいいのだろうか。

　その一つは、社会政策である。つまり、所得格差拡大を防ぐために、教育の拡充や社会政策の充実などが必要となる。

　その一方で、日本企業の競争優位を生み出すための施策が重要となる。すなわち、日本において ICT に関連する新技術や新製品・サービスが数多く生

み出され，ICT産業だけでなく各分野の企業がそれを活用し，競争力のある製品やサービスを世界に提供する状態を作らなくてはならない。それが実現すれば，日本企業の競争力が高まるとともに，雇用が生み出され，経済が成長していくので，所得格差拡大の問題に対処しやすくなる。

そこで以下では，日本において，ICT関連の新しい技術や製品・サービスが生み出されるような土壌を作り出すための施策を提言する。

第一は，日本企業が研究開発における自前主義を脱して，活発に国内外の企業と提携する，あるいは，優れたベンチャー企業を積極的に買収することである。シリコンバレーのベンチャー企業だけでなく，新興国などのベンチャー企業の買収も積極的にすべきである。上述のように，買収は失敗することがある。だが，そのリスクをとってでもそれを行っていくスピード感を持った研究開発をしなければ，世界的な競争を勝ち抜くことは難しい。

そのためには，リスクを回避することを重視する経営姿勢を改める必要がある。すなわち，スピードを重視し，そのために失敗を恐れず挑戦する経営を行うような経営姿勢を打ち出さなければならない。

現在，日本企業の中には，AIなどの先端技術を得るために，シリコンバレーのベンチャー企業と提携しようとする動きが増えつつある。だが，その動きは鈍く，先に見たように，シリコンバレーの大手ICT企業によるベンチャー企業の買収に比べて数やスピードの点で遅れをとっている。また日本企業が，新技術を得るために，新興国のベンチャー企業と提携したり，買収したりする事例も少しずつ出てきているが，それもシリコンバレーの大手企業の動きに比べると極めて少ない。しかも新興国におけるAIなどの最先端技術を持つベンチャー企業は，そのほとんどが，アメリカなどの先進国で働いたり学んだりした人材が経営者や開発責任者になっている。つまり，その技術の多くは，シリコンバレーが起点になっているといえよう。したがって，これまでのような日本企業の手法では，シリコンバレーの大手ICT企業との技術的な差を埋めることは難しいのである。

5.3 スタートアップ・エコシステムの形成の必要性

シリコンバレーでは，毎年あまたの起業がなされる。そして，そうしたスタートアップ企業の中から，グーグルやアップルのような世界をリードする企業が出てくる。その結果，シリコンバレーから新しい技術や製品・サービスが次々と生み出される。

なぜシリコンバレーでは次々と起業が起こるのか。その理由は，スタートアップ・エコシステムが存在するからである。シリコンバレーでは，大学，資金提供者（ベンチャー・キャピタル，エンジェル），サービス提供者（弁護士，会計事務所），研究機関，起業支援の組織（インキュベータ，アクセラレータ），大企業がそろっている。そして，価値創造という目的に向かってそうした多様なプレーヤーが協業する再生産システムがエコシステムである。それが存在するゆえに，起業が続くのである。

また，シリコンバレーが発展した理由として，有能な人が一か所に集積したことが挙げられる。そして，人々は一つの会社や組織に閉じこもることなく，社外に人脈を持ち，互いに情報を共有し，アイディアを出し合い，刺激し合う。新しいアイディアを生み出す過程において，そうした公式・非公式な様々な形のコミュニケーションが重要な役割を果たしているのである。

シリコンバレーだけでなく，世界各地でスタートアップ・エコシステムが作られている。Compass 社による The Global Startup Ecosystem Ranking 2015 は，スタートアップ・エコシステムが存在する都市の上位 20 位を挙げている。その中には，西洋諸国の都市に加えて，シンガポール，バンガロール，サンパウロが入っている。さらに，このランキングでは分析対象には入っていない中国でも，深圳においてものづくりのエコシステムが生み出されている。このように，世界の多くの都市で，技術開発をするベンチャー企業が次々生まれ，大企業と競争したり，共同開発をしたりすることが活発化しているのである。

そこで，日本においても，ベンチャー企業が多数創設されそして技術開発が活発化するようなスタートアップ・エコシステムが作られることが必要で

ある。それを実現し，世界をリードする技術や企業が日本で生み出される状態を作らないと，世界の企業との差が拡大することとなる。

5.4 大学による人材育成

こうした問題意識に立つとき，日本がすべきことの第二は，大学が，第4次産業革命を担う人材の育成機関として大きな役割を果たすことである。

シリコンバレーのスタートアップ・エコシステムは，政府が作ったものではない。スタンフォード大学など，現地の大学が核となって，エコシステムが形成された。大学は，研究だけでなく，優秀な人材を供給する点で，エコシステムの形成に大きな役割を果たしている。

特に人材供給に関して，シリコンバレーでは，大学を卒業後すぐにベンチャー企業に就職する人も少なくない。また，学生は優秀な人ほどすぐに退学して起業すると言われる。

ところが，日本では，こういったことは起きにくい。その理由の一つは，世界では多くの企業が即戦力となる学生を採用する傾向にあるため大学も卒業生もそうした人材を育成しているのに対し，日本の企業はそうした学生を求めないので大学もそれに応える必要がないからである。

なかでも，日本の情報工学系の学部・学科では，その学習過程において理論的な内容を重視している傾向があるため，学生は自分でコーディングをしてシステムを作り上げるという訓練をあまり積んでいないことが多々存在する。したがって，日本の情報工学系の学部・学科を卒業しても，プログラムを自ら完成させることが難しい場合がある。

日本では将来，ICT人材の不足が予測される。日本では将来，ICT人材への需要の拡大が予測される。ところが，それに対する日本国内の人材供給は，2019年をピークに減少する。経済産業省がみずほ情報総研に委託した研究によれば，2030年には，ICT人材が，中位シナリオで59万人の不足となると推計している（図3）。これでは，IoT，AIなどの発展に対応するのがますます難しくなる。

ICTの発展とオフショアリング

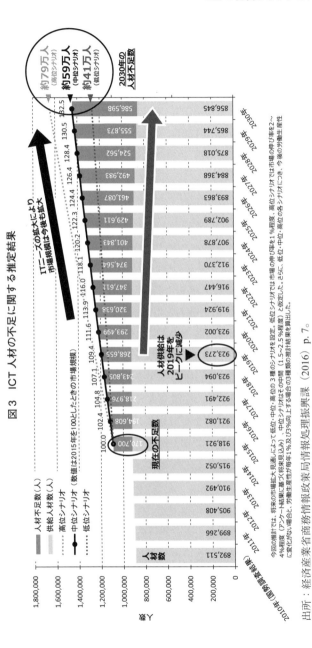

図3 ICT人材の不足に関する推定結果

出所：経済産業省商務情報政策局情報処理振興課（2016）p. 7。

大学の目的は多様な人材の育成であるので，大学はそのすべてが社会で即戦力となる人材を育てなくてはならないというわけではない。とはいえ，世界の多くの大学がそういった人材を育成し，それが社会で活躍しているのに対し，日本ではその傾向が弱いことは，日本においてICT系のベンチャー企業を増やすうえで大きな妨げとなる。したがって，情報工学系の学部・学科における学習内容をもっと実践的なものにしていくことが求められる。また，それ以外の大学や学部についても，即戦力となる人材を育てるところが増えることが望ましい。この点に関する日本と世界の多くの国との差は非常に大きく，その差を埋める必要がある。

　ドイツでは，大学のうちの6割が専門大学と呼ばれるものであり，そこでは「卒業後，すぐに企業の現場で働ける即戦力を育成」する（岩本・波多野 2017 p. 16）。また中国では，大学の情報系の学部にIBMやマイクロソフトといった企業が講師を派遣して講義を行い，即戦力となる人材を育成している。日本でも，大学において即戦力となる人材の育成策を考えるべきである。

　日本の大学には，ほかの問題点もある。まず，工学部において，情報工学の比率が小さく，ハードウェアの比率が高い。情報工学系の学部・学科をもっと増やす必要がある。また，日本のベンチャーの特徴として，起業するエンジニアが社会や経営についての知識をあまり持っていないことが多々あるので，そうした人向けの実践的なビジネススクールが増えなくてはならない。

　このように，日本の大学がより実践的なプログラムを導入しないと，人材確保の点で日本は世界に大きく立ち遅れることとなる。

5.5　雇用の流動化

　日本がすべきことの第三として，雇用流動化の促進が挙げられる。上述のように大学が実践的な教育をもとに即戦力となる人材を育成したとしても，そうした人が転職したり起業したりすることがしやすい状況がなければ，独創的な製品やサービスは生まれにくい。ICTにおいては，組織や資本よりも，人が競争力の源泉である。よって，優秀な人を集めやすい社会，そして起業

しやすい社会こそが，高い製品開発能力を有する。

　これに対し，日本の雇用システムは，終身雇用制を特徴としており，流動性が低い。そして，終身雇用制は，年功序列型賃金や企業別労働組合と制度的補完性を持つ。したがって，日本的雇用システムの一部である終身雇用制だけを変えようとしても，それを実現することは容易でない。

　では，ICT人材の流動性を高めるためには，何が必要だろうか。比較制度分析の理論は，各国の社会制度がどのような歴史的経緯によって形成され，それがどれほど合理性を持つかを分析した結果，競争を通じたダイナミズムが従来の制度や慣習を変えていくと論じた（青木・奥野編1996）。この理論を援用すれば，日本の経済システムが変わっていくためには，高い競争力を持つ多数のベンチャー企業の台頭が必要である。そうした企業が成長して，大企業との間で優秀な人材を取り合って競争するとき，ICT業界において人材の流動性が高まることとなる。さらに，その際には，エンジニアがその技術力を高めるキャリアパスを各企業が提供することも必要である。なぜなら，そうしたキャリアパスは，優秀なエンジニアが転職してその会社に移ってくるための大きな誘因となり，その結果その会社が優秀なエンジニアを獲得して技術力を高めることができるからである。つまり，高い流動性の実現という新しい制度を作るためには，それに合う諸制度もともに構築しなければならない。また，先にベンチャー企業買収を促進すべきと述べたが，それが増えると，ベンチャー企業を設立する動きが強まるので，これも雇用の流動性を高めることとなる。なお，雇用の流動性が高まると，そのことがベンチャー企業の設立を促すので，雇用の流動性と起業の間には制度的補完関係がある。

5.6　オフショアリングの活用

　日本がすべきことの第四は，オフショアリングの積極的な活用である。つまり，低付加価値工程や，外国企業が優位性を持つ分野については，外国企業に任せて，日本が高付加価値分野や独創性の高い分野に特化すべきである。

システム開発については中国，インド，ベトナムなどの企業へのオフショア開発を，モノづくりについてはインドなどの企業へのESO（Engineering Service Outsourcing）を使うことができる。現在，シリコンバレーの多くの企業が，その製品開発の際，コスト削減や開発時間短縮などの理由でオフショアリングを活用している。日本企業もそれを参考にすべきである。上述のように，オフショアリングは所得格差を拡大させる可能性を持つが，オフショアリングの拡大の世界的潮流を止めることはできない。よって，高付加価値の財やサービスの生産を拡大することで雇用を増やして所得格差の問題に対処するべきである。

加えて，先に述べたように，日本では今後ICT人材の大幅な不足が予想される。その不足を埋めるためにも，オフショアリングの活用が不可欠となる。

6. おわりに

本論文は，第4次産業革命やIoT，AIなどの発展の中で，日本経済と日本企業が置かれている状況を分析するとともに，貿易理論の展開の方向性について考察した。さらに，日本企業が研究開発や雇用制度などにおけるガバナンスを変革することが必要であり，そして，日本においてベンチャー企業が多数創設され技術開発が活発化するスタートアップ・エコシステムが作られるべきであると論じた。

エコシステムの根幹は，人そのものである。いかに優秀なエンジニアを育て，彼ら彼女らが転職したり起業したり，あるいは技術者としてのキャリアパスを進むことがしやすい状況を作れるかが問われており，そのための経済システムの変革が日本に求められている。さらに，そのエコシステムが発展するためには，企業がスピード感を持った経営を実践し，国境を越えた連携や買収，そしてオフショアリングを積極的にしていくなど，その経営のあり方を変化させなくてはならない。このように，ICTの発展とオフショアリングの拡大によって加速する世界的な競争において，日本と日本企業がどれだけ変わることができるのかが，その今後の行方を左右するのである。

日本にエコシステムが作られるために，解決しなければならない課題は他にもある。例えば，潜在能力の高いベンチャー企業を発掘しそれを育てる目利き能力を持つベンチャー・キャピタルが不足している。こうした諸問題に一つ一つ取り組むためにも，本論文で論じた人材育成などの諸問題をまずは解消していかなければならない。

ICT に関して，日本は，イノベーションが起こりやすい社会システムを持っているかという点で，多くの国に後れをとっている。その後れを取り戻すための取り組みが求められる。そして，それらの取り組みの過程で，シュンペーターが述べた創造的破壊が活発に起こることが，社会システムの変革を促し，よって，イノベーションの起こりやすい社会へと近づいていくことになるのである。

参考文献

青木昌彦・奥野正寛編（1996），『経済システムの比較制度分析』東京大学出版会.
岩本晃一（2015），『インダストリー4.0 ―ドイツ第4次産業革命が与えるインパクト―』日刊工業新聞社.
岩本晃一・波多野文（2017），「IoT/AI が雇用に与える影響と社会政策 in 第4次産業革命」REITI Policy Discussion Paper Series, 17-P-029.
大野治（2016），『俯瞰図から見える IoT で激変する日本型製造業ビジネスモデル』日刊工業新聞社.
尾木蔵人（2015），『決定版 インダストリー4.0 第四次産業革命の全貌』東洋経済新報社.
経済産業省経済産業政策局（2014），「第8回 日本の「稼ぐ力」創出研究会 ビッグデータ・人工知能がもたらす変革を日本の稼ぐ力とするために」事務局説明資料，12月22日.
経済産業省商務情報政策局情報処理振興課（2016），「IT 人材の最新動向と将来推定に関する調査結果」6月10日.
小宮昌人・近野泰（2017），「新興国で急速に進むインダストリー4.0 対応 ―グローバルデジタルエコシステムの形成と日本の生産技術のガラパゴス化―」『知的資産創造』9月号，22–43頁.
高橋信弘（2013），「中国ソフトウェア企業の技術力向上とオフショア開発の変化」『経営研究』（大阪市立大学）第64巻第3号，1–23頁.
徳丸宜穂（2018），「中堅・中小製造企業における設計業務のオフショアリング ―「包

括的オフショアリング」の進化—」高橋信弘編『グローバル化の光と影 —日本の経済と働き方はどう変わったのか—』晃洋書房.

藤野直明・近野泰 (2016), 「インダストリー 4.0 とわが国製造業への示唆」『知的資産創造』4 月号, 6–23 頁.

Baldwin, R. (2011), "21st Century Regionalism: Filling the Gap between 21st Century Trade and 20th Century Trade Rules," *Centre for Economic Policy Research Policy Insight*, No. 56.

Baldwin, R. (2016), *The Great Convergence: Information Technology and the New Globalization*, Harvard University Press（遠藤真美訳『世界経済　大いなる収斂　IT がもたらす新次元のグローバリゼーション』日本経済新聞出版社　2018 年).

Compass (2015), "The Global Startup Ecosystem Ranking 2015," Compass.

Edelman Intelligence (2017), "Freelancing in America: 2017," Edelman Intelligence.

Grossman, G. and E. Rossi-Hansberg (2006), "The Rise of Offshoring: It's Not Wine for Cloth Anymore," in *The New Economic Geography: Effects and Policy Implications*, Proceedings–Economic Policy Symposium–Jackson Hole, Federal Reserve Board of Kansas City, 59–102.

Milberg, M. and D. Winkler (2013), *Outsourcing Economics: Global Value Chains in Capitalist Development*, Cambridge University Press.

Summary

The Development of ICT and Offshoring

Nobuhiro Takahashi (Osaka City University)
Hitoshi Hirakawa (Kokushikan University)
Yumiko Nakahara (Kyushu Sangyo University)
Norio Tokumaru (Nagoya Institute of Technology)

This article conducts an analysis of the effects of the development of the ICT (Information and Communication Technology) trend on economic activities, which has been accelerating the offshoring of manufacturing and service activities. One of the effects is the increase in alliances of firms. The results of our investigation reveal that Japanese firms need to adjust to this trend by promoting joint development with foreign firms. In addition, Japan should create a startup ecosystem where ICT firms are actively established.

◇コメント◇

立教大学　櫻井　公人

はじめに

　IoT（Internet of things）とは「モノのインターネット」であり，すべてのモノがインターネットにつながることだとされる[1]。

　インターネットにつながることが，どのように世界経済に影響するのか。まずは，産業の変化を通じた経路があるだろう。すべてがつながる技術変化によって，製造業，IT，金融といった産業区分が流動化し，融合が生ずる。技術が産業を変え，産業の変化が世界経済を変えるだろう。技術進化の方向性と技術覇権をめぐる争いの帰趨によっては，各国の世界システムにおける地位も大きく変動する。したがって，これに影響する各国の政策も対抗的に交錯するだろうから，グローバル政治経済学的な考察の対象となる。中国の地位変動や政策の影響，他国との連携・対抗は焦点となるだろう。高橋報告のように，日本産業の対応策として見るという関心もありえよう。

1. 自動車産業とIoT

　製造業とITの融合を見るために，製造業を代表する自動車産業を見よう。2018年10月，ソフトバンクとトヨタが提携してモネ・テクノロジーズを設立した。トヨタ社長は自動車産業が「100年に1度の変革期」にあり，「情報によって街とつながり，人々の暮らしを支えるあらゆるサービスとつながる」と述べる一方，ソフトバンク会長は「これからの車は半導体の塊になる」「AIも半導体革命の延長線上にある」。IT企業であるソフトバンクが「自動車のリ

---

[1]「ユビキタス」の言い換えと考えてもよい。ほかにもInternet of Everything, Internet everywhere, Industrial Internet,「インターネット・プラス」など類似概念の乱立状況にある。また，今次の「産業革命」が「第4次」なのか「第3次」なのかという論点もあろう。なお，本稿は「IoTと世界経済をどうとらえるか──グローバル政治経済学的考察」として準備された。

アルな世界を歩いてきたトヨタさんと，いよいよ交わる時が来た」と応じた。両社は，自動運転のEV車をプラットフォームとする各種サービスを展開していくが，これはITと自動車産業との融合の一形態を示す[2]。

すでにトヨタは2018年1月，「モビリティ・カンパニー」への変革を宣言し，無人宅配や移動店舗などのe・Pallete構想を発表していた。世界の自動車産業はIoTによって「100年に1度」の変化の渦中にあり，ライドシェアの延長上に生活全般にかかわる「ホールライフ・サービス」を提供するMaaS（Mobility as a Service）への変身を模索している。8月にライドシェア企業のUberに5億ドルを出資したのもその一環である。MaaSがシェアリングを核にしてEコマースと決済，さらには無人宅配などを含み，ホールライフ・サービス化すると，そこから得られるデータ量も爆発的な拡大が予想され，産業の利益源泉の在り方を変える可能性がある。

IoTによって自動車産業はどのような変身を迫られるのか。これを，記者会見でトヨタ社長が言及した4つの変化の頭文字であるCASEで示すことができる。C: Connectedは，「つながる」IoT通信を意味している。A: Autonomousは自動運転であり，そこではAIと画像認証，画像処理などの技術が重要となる。S: Sharing & Serviceはライドシェアであり，これはシェアリング経済の一環とされる[3]。E: Electrificationは，ガソリン車から電池自動車への移行であるEVシフトを意味する。CASEはそれぞれ単独の動きというよりは一連の動きである。たとえば自動運転車の開発には，その認知機能のためにカメラ，ミリ波レーダー，ライダーといったデバイスが増加し，判断機能のためのデー

---

[2] 2019年3月，モネ・テクノロジーズは，自動車以外の産業からも90社の参加を得てコンソーシアムを立ち上げた。また，本田技研と日野自動車がモネ・テクノロジーズへの出資と参加を決めた。この領域では，産業の垣根を越え，ライバル関係を越えた複雑な合従連衡の事例は多い。

[3] シェアリング経済について，ありうべき概念上の混乱について注記しておく。UberやAirbnbに代表される事業をシェアリング経済と呼ぶなら，これは市場経済におけるスラック（余裕，冗長性）を解消し利用密度を高める事態を意味しているから，市場経済の対極に位置するはずの「共有経済」とは異なる。

タ処理と AI 学習のための半導体など，部品点数は増加する。EV シフト単独なら現行約 3 万の部品点数が激減して参入障壁が低下するという認識は，CASE の下で修正を迫られる。

　実は CASE という概念は，2016 年 9 月にパリ・モーターショーで発表されたダイムラーの中長期経営ビジョンとして提起され，その後世界の多くの自動車会社がこれを共有してきた。そのダイムラーには，18 年 2 月，中国の民族系自動車会社である吉利の李書福薫事長が率いる馨浙江吉利控股集団が9.6％出資して筆頭株主になっている。吉利は 17 年 12 月にもボルボの筆頭株主になっており，中国・欧州の連携が進展している。

　他方で，トヨタはこれまで MaaS への変化の必要性を受け入れず，おそらくこれを受け入れた最後の自動車企業となった。そのトヨタに，あるいは日本企業に認識変化を促した事情は何か。購入され自家用車として所有されるはずだった自動車という商品が，主としてシェア・ライドされ，所有されずに使用されるだけの商品になれば，まずは自動車販売台数が激減しかねない。ライドシェアがプラットフォームとなってホールライフ・サービスが提供され，利益もデータもそのサービスから生まれるようになれば，自動車製造だけでは単なるコモディティ製造業になってしまう。

　この変化は，1990 年代以降に PC がたどった運命を想起させる。半導体が最先端の技術であり，ハードとしての PC が最先端の製品と思われたが，今日では価格競争にさらされるコモディティとなっている。コンピュータ産業とはそのハードを道具として使うためのソフトウェアを提供する企業群なのであり，コンピュータ製造だけではコモディティ製造業になりかねない。ハードだけなら文房具か，ただの箱になるのだという問題提起も，当初理解されなかった（Rappaport and Halevi 1991; 櫻井 1991, 1993）。

　東南アジアでは，ライドシェアをベースとしてこれをプラットフォーム化して実際に多様なサービスを提供する企業が台頭している。EC（E コマース），宅配，キャッシュレス決済から家事代行まで行って「ホールライフ・サービス」に近づきつつあり，むしろ MaaS の先端的な具体像を示している。たとえ

ばシンガポールに拠点を置くGrabはUberとの競争に勝ち，18年3月，その東南アジア事業を買収した。同社は，東南アジアに3社あるユニコーン企業のうち最大である。同社には，ソフトバンク，マイクロソフト，現代自動車，DiDi（滴滴出行）などと並んで，18年6月にトヨタも出資した。インドネシアのGojekも2輪中心に同様の成長を遂げてインドネシア初のユニコーン企業となり，グーグル，テンセント，JD京東集団，三菱商事などの出資を受けた。その後，両社ともにユニコーンより1桁大きな100億ドルの価値をもち世界に20社ほどしかないデカコーン企業となっている。

　トヨタが環境対策車の分野でHV（ハイブリッド）車で圧倒的な優位に立っていたことも，MaaSへの認識転換に遅れた事情となった。ところが，環境対策車を優遇するカリフォルニア州のZEV（Zero Emission Vehicle）政策が2018年からHV車を対象からはずし，19年に始まった中国のNEV（New Energy Vehicle）規制もHV車を優遇対象とせず，販売の10％以上のEV化（FCV：燃料電池車，PHV：プラグイン・ハイブリッド車を含む）を求めた[4]。環境対策車としてHVは当面の最適解のはずである。とくにHVで世界の9割という圧倒的優位を誇る日本での認識はそうなる。だが，競争の場をEV領域に移した方が欧州・中国勢には相対的に有利になる。自動車という重要産業の帰趨が世界システム内の地位を変動させかねないため，変化を支援する各国の産業政策がせめぎ合い，交錯する。19年4月，トヨタはHV車関連特許技術23,740点を無償供与すると発表した（ただし電池と半導体領域を除く）。PHVを含むHV車のシェア拡大を目ざした「反撃」だろうが，今からではこのオープンソース化によって規格や「仕様の統一」にまでは至らない。7月のNEV政策変更の影響も含め，どこまでの効果をもつのか，見守るべきことになろう。

---

[4] カリフォルニア州の厳しい環境規制と対照的に米連邦政府はCAFE（メーカー別燃費規制）を緩和し，GMやフォードなどは利益率が高く燃費の悪い大型SUVへのシフトを進めた。これまでアメリカ自動車産業は，①SUV依存度上昇，②ガソリン価格上昇，③金利上昇が重なった場合に危機に陥り，世界経済を揺るがしてきた。

2. 技術覇権をめぐる争いと中国 IT

自動運転車が時速54キロで走行中に道路を横断する歩行者を発見し，ブレーキをかけるまでの通信プロセスに1秒かかれば，それだけで15メートル先までの歩行者に衝突してしまう。

急増するデータ量を高速で扱うための通信は現行の4G（第4世代）から5Gに進化する。データ収集のプラットフォームを支えるのが5G通信であるため，5Gプラットフォームをめぐって米中間の争いはし烈をきわめる。技術覇権をめぐる争いが表面的には通商上の軋轢として，その背後では安全保障上の摩擦として噴き出している。2012年10月に米下院情報特別委員会報告は中国の通信企業HuaweiとZTEを名指しし，ブロードバンド事業からの排除を求めた。18年3月にCFIUS（対米外国投資委員会）は，シンガポールのブロードコムが中国系資本であるとして，同社による米半導体企業クアルコムの買収を却下した。8月にアメリカは2019年度国防権限法成立によってHuaweiとZTEなどを5G事業などの政府調達から排除することを決め，これを同盟国にも働きかけた。オーストラリアも8月末に「外国政府の干渉を受ける企業」（すなわち両社）が5G事業に参入することを禁じた[5]。10月，ハドソン研究所におけるペンス副大統領の演説は，「千人計画」「万人計画」[6]など留学生その他を通じた中国の米知財へのアクセスと奪取，中国資本による強制的な技術移転，さらには「中国製造2025」そのものを攻撃した（Pence 2018）。これをニューヨーク・タイムズは「新冷戦」を宣言したものと評した。中国ITの動向は技術覇権をめぐってアメリカの警戒心を生んでいるのである。

世界の株式時価総額ランキングにおいて，2018年中に圏外に去ったサムスンに代わってベスト10入りしたのが中国ITのアリババ，テンセントであり，

---

[5] 遅れて12月に日本も同様の措置を宣言したが，両社製品には日本製部品も多数使用されて悩ましいはずである。また，欧州諸国も同調の姿勢を見せたが，中国側の働きかけもあって，一部の欧州諸国が切り崩されたように見える。

[6] 高度技術を修得した博士号取得者などを帰国させ高給で優遇する政策である。

HuaweiもKind入りをうかがった。アリババはEコマースを，またテンセントはSNSとゲームを主要領域とする企業だったが，スマホを使った両社のQRコード決済は9億人に普及し，これをプラットフォームとした関連事業への拡大が著しい。アリババの金融子会社であるアント・フィナンシャルは，決済用にプールされた資金を利用して理財商品を提供する余額宝や，貸し付けを行う網商銀行，収集された決済情報などを個人信用格付けに利用する芝麻信用などを展開する。芝麻信用では，同社サービスを使うほど，また個人情報を提供するほど格付けの上がる仕組みになっている。交通機関での決済情報等によって個人の移動履歴も容易に把握されるから，当局はこれを監視カメラからの情報と合わせて反体制派の動向把握にも使用できる。

　SUICAのようなFelica型電子マネーやクレジットカードが普及し，インフラが高度に整備されている日本でキャッシュレス化が進まず，かえって中国でスマホ普及とともにQRコード決済が普及した事情は何か。QRコード決済では高価な決済端末が不要だったことが，「リープフロッグ（かえる飛び）」的な進化につながった。中国型のこの技術は途上国に適合的で普及しやすい。そのため，中国の「インターネット・プラス」構想が「一帯一路」構想と結びついて「デジタル一帯一路」化し，ユーラシアからアフリカにかけての決済システムや通信環境整備を通じて世界システム変動につながる可能性がある。ケニア等におけるモバイル決済のM-PESAとHuaweiの提供する監視カメラによる「セーフシティ・システム」構築などはその象徴と言える。

　中国ITの展開からは，決済・金融とITの融合の一形態が見られるだけでなく，「分散化」したネットワークを構築するはずだったインターネットをベースにした技術の成果が「集権的」な支配を支える道具となりかねないことも示されている。

3. 提起されるべき諸論点をめぐって

　世界経済とIoTについての見方を整理しつつ，関連して提起され検討されるべき諸論点について，まとめておこう。

①セキュリティ問題について。IoTにおいてすべてがつながるのがIoTであるなら，ハッキングは最も弱いところから行われる。コモディティ化していく安い家電製品に組み込まれた通信機能が，脆弱なまま放置される可能性がある。逆にそのプログラムがバージョンアップ可能ならプログラムが書き換え可能ということであり，それもむしろ危険である。そのリスクを象徴するのがInsecamというサイトであり，日本にある2400か所以上の無防備な「防犯カメラ」が集約されている（青柳2018）。

②18年1月にハッキングされたコインチェック社の暗号通貨NEMは，同社の（ネット接続された）ホット・ウォレットに置かれており，（ネット接続されない）コールド・ウォレットで安全に保管されるべきだったと言われる。これは，むしろ「つながる」ことのリスクを象徴する事件だったと言えるだろう。

③IoTと世界経済というテーマについて，産業と技術進化が世界システム変動に与える影響を考察するという観点が必要だろう。人々の，そして企業間のつながり方を変える技術変化や制度変化が，各国の地位を変えて世界システムの大きな局面変動となるかどうか。短期間のうちに世界システム内の地位を変えた中国経済の把握と展望が焦点となろう。株式時価総額を上昇させた中国ITの新しい特徴は，PCやスマートフォン・メーカーの集積より，新プラットフォーマーとしての可能性にある。製造業を変え，決済や金融を変えるなら，結果として世界政治にも影響を与え，グローバル政治経済的学的な考察を要する対象なのである。

④IoTが軍事技術であり安全保障とかかわることも，グローバル政治経済学的な考察を要する理由となる。たとえばAIによる自動運転はそのまま軍事転用可能な技術である。ブレーキを踏めと言う指示を，アクセルを踏めと言う指示に置き換えれば歩行者が死ぬ。自律型自動運転に似た自律型大量殺りく兵器（LAWS）への対策が国連の特定通常兵器使用禁止制限条約（CCW）の枠組みで協議されている。インフラ協調型自動運転を補完するドローンも軍事転用できる。クレムリン周辺では妨害電波のためドローンを飛ばすことが

できないのはそのためである。インターネットもそもそも軍事技術だった。19世紀から21世紀にかけて世界システム変動の中心にあったアメリカ経済の発展において，主要技術が国家主導の産業政策による軍事技術から生まれてきたという，忘れられがちな事実を想起すべきである（櫻井 2006）。

⑤IoT関連技術が脱炭素化やエコを標榜する場合でさえ，実際には大量の電力需要を発生させることにも留意する必要がある。EVの短時間充電，ブロック・チェーンとマイニング，ビッグデータとスパコンにおける電力需要の規模は，いずれも想像を絶する。IoTによる変革の裏面で展開するのは，再びリソースの希少性問題かもしれない。

⑥日本経済に対する課題と対処について，高橋報告においても提案があった。日本の課題は，起業家精神指数最下位と言われる点に象徴されるだろう。世界のユニコーン272社のうち，アメリカ127社，中国78社，インド13社に対して，日本ではプリファード・ネットワークス1社のみである。東南アジアでは先端的なライドシェア企業がプラットフォーム的な発展を遂げ，デカコーンとなっている。日本には重要デバイスなどに強みをもつ企業は少なくないが，この変化の中で新たなプラットフォームとなるような展望をもちにくい。むろん，この転換過程で浮上する諸課題に対処できれば，「転機」がチャンスとなる。「分散化」と集権化をめぐる諸問題，技術の軍事転用可能性，大規模電力需要と省電力，あるいは仕様の統一などをめぐる諸領域への対応にヒントがあるだろう。

参考文献

Lashinsky, Adam (2018), "Alibaba vs. Tencent: MA vs. MA," *Fortune*, July.
Pence, Michael Richard (2018), "Remarks by Vice President Pence on the Administration's Policy Toward China", Oct. 4., The White House, Retrieved Mar. 31, 2019, from https://www.whitehouse.gov/briefings-statements/remarks-vice-president-pence-administrations-policy-toward-china/
Rappaport, Andrew S. and Shmuel Halevi (1991), "The Computerless Computer Company", *Harvard Business Review*, July–Aug.
青柳由則（2018），『IoTクライシス―サイバー攻撃があなたの暮らしを破壊する』NHK

出版.
櫻井公人（1991），「［学会報告］アメリカの技術・国際競争力」国際経済学会第50回全国大会［於名古屋国際会議場］，10月11日．
櫻井公人（1993），「アメリカにおける技術開発と競争力政策」林倬史・菰田文男編『技術革新と世界経済』ミネルヴァ書房．
櫻井公人（2006），「アメリカ経済―移民による建国からカジノ・グローバリズムまで」本山美彦編『世界経済論』ミネルヴァ書房．
田中道昭（2018），『2022年の次世代自動車産業―異業種戦争の攻防と日本の活路』PHP研究所．
趙 璋琳（2018），「BATH 中国のIT支配者いつの間にかアジア最大企業に」『NIKKEISYSTEMS』1月号，日本経済新聞出版社．
沈才彬（2018），『中国新興企業の正体』角川新書．
鶴原吉郎（2018），『EVと自動運転―クルマをどう変えるか』岩波書店．
東洋経済編集部（2017），「中国の半導体育成は本気だ」『週刊東洋経済』5月27日号．

投稿論文

租税回避行為と対外直接投資の収益性
―日米の比較―*

武蔵大学　大野　早苗**
武蔵大学　鈴木　唯

要旨

　本稿は直接投資収益率の決定要因に関するパネル・データ分析を通じて，タックスヘイブン向け投資とその他向け投資の比較において日米でどのような特徴がみられるかを考察したものである。回帰分析の結果は，日本の直接投資がいわゆるタックスヘイブンを米国企業ほど活用できていないことを示す一方，2010年以降に直接投資の収益が全般的に低迷する中で，日本企業もタックスヘイブンの活用を積極的に検討する状況にあることも示唆した。

キーワード：対外直接投資，収益性，租税回避，タックスヘイブン

1. はじめに

　わが国の対外純資産残高は，これまでの経常黒字の累積を背景に世界最大規模にまで拡大した。しかし，少子高齢化の進展により国内貯蓄余剰が減少すれば，経常収支黒字が縮小し，対外純資産残高の伸びが抑制される可能性

---

*　本研究は科研費（基盤（B）15H03368）の助成を受けた研究成果の一部である。なお，本論文の執筆にあたり，科研プロジェクトのメンバーである黒坂佳央先生，松原聖先生，熊本方雄先生，加えて日本国際経済学会の第8回春季大会において清田耕造先生から有益なコメントを頂いた。また，論文審査の際にはレフェリーの方から数多くの貴重なコメントを頂いた。ここに記して感謝申し上げる。

**　E-mail: sanaeon@cc.musashi.ac.jp

がある。少子高齢化は今後も継続する可能性が高いことを考えると，わが国が対外純債務国に転じる可能性も否定できず，対外純資産の収益性の向上を通じて経常黒字の縮小や対外純資産の減少を補う必要性も指摘されている。

翻って，米国は世界最大の対外債務国であるが，米国の対外ポジションは経常収支の推移から推察されるほど悪化してはおらず，実際に第一次所得収支は黒字を計上している。米国の対外ポジションの特徴として，資産側では株式や直接投資などのリスク性資産の比重が高く，負債側としては債券等の低リスク負債性資産の比重が高いことがこの背景として挙げられる。そのため，日本も対外純資産の収益性を向上させるために，ハイリスク・ハイリターン資産への投資を拡大させる必要性が強調されることもある。あるいは，米国の資産運用は他国よりも優れており，それが米国の対外純資産の悪化を抑制させているとの指摘もある。

はたして，米国の対外投資のパフォーマンスは本当に優れているのだろうか。

Gourinchas and Rey（2007）は，米国の対外純資産残高において高リスク資産・低リスク負債の比重が高いことが対外純資産の高い超過収益率を実現させている面もあるが，対外純資産の超過収益率をリターン要因（同一アセットクラス内における対外投資収益率と対内投資収益率の格差）とポートフォリオ構成要因（特定のアセットクラスに関する対外投資と対内投資のウェイトの格差）に分解すると，超過収益率の相当な部分はリターン要因で説明されることを示している。一方，Curcuru et al.（2013）は Gourinchas and Rey（2007）におけるキャピタルゲインの計測方法を疑問視し，米国の対外純資産の収益率の大半は海外直接投資のインカム・リターンに起因し，キャピタル・ゲインの寄与は極めて小さいとの結果を報告している[1]。また，

---

[1] また，Curcuru, et al.（2010）は Gourinchas and Rey（2007）を拡張し，対外純資産の収益率がリターン要因，ポートフォリオ構成要因，タイミング要因の3つで表されることを示し，米国の証券投資に関する超過収益率はタイミング要因に起因するところも大きいと述べている。すなわち，海外の対米証券投資における株式・債券間のリバランスを実施するタイミングの悪さが海外の対米証券投資の収益性を悪化させており，それが米国の対外純資産の収益性に寄与しているとのことである。

Iwamoto (2013) は日米の対外純資産における評価効果を比較しているが，米国はリスク性資産の保有により大きな評価益と為替差益を実現しているのに対し，世界最大の対外純債権国である日本の対外資産残高で大きな占有率を占めているのは国債等の低リスク低リターンの資産であることから，米国の6分の1以下の対外総収益しか実現していないと述べている。

　対外純債務国である米国が第一次所得収支の黒字を継続しているのは，証券投資等に関する大幅な支払い超過を上回る黒字を海外直接投資において計上しているためである。米国が海外直接投資において黒字を計上している理由としては，諸外国に先駆けて海外直接投資を手がけてきたことによる先行利益や米国企業の目利き力の高さなどが指摘されることもあるが，多国籍企業による租税回避行動によるとの指摘もある。たとえば，Bosworth et al. (2007) は米国の直接投資の超過収益率（対外直接投資と対内直接投資の収益率格差）の3分の1ほどは各国間の税率の違いを利用した利益移転によると試算しており，またCurcuru et al. (2013) も直接投資の超過収益率6%のうちの約1.8%が法人税率格差によるものとの結果を示している。リーマンショック以降，多国籍企業の租税回避行為に対する批判が増しており，OECDを中心に対策に向けての協議が進展している。米国の海外直接投資の収益性が租税回避行為によって過大評価されていたならば，租税回避行為に対する対策の行方次第で直接投資の収益率が低下する可能性も否定はできない。

　一方，わが国においても対外資産残高における海外直接投資の占有率は拡大傾向にあり，第一次所得収支においても海外直接投資の寄与が急速に拡大している。経済産業省 (2015) によれば，わが国の対外直接投資の収益率は米英には劣るものの，独仏あるいは韓国を上回っている。日系の多国籍企業の海外直接投資行動は生産拠点の海外移転などを目的とするものが多く，米国の多国籍企業と比較すると租税回避行為が顕著ではないとの憶測もあるが，パナマ文書やパラダイス文書を含めた租税回避行為を解明する試みにおいては，日系多国籍企業の社名も挙がっており，わが国の直接投資の超過収益率において法人税率格差が寄与している可能性も否定できない。

こうした状況を背景として，最近では租税回避行為が対外純資産に及ぼす影響に対する関心が高まっている。たとえば，Zucman（2013）は世界の対外純資産の合計は負値，かつ先進諸国の対外純資産の合計が負値であることの理由として，タックスヘイブンを利用する個人の租税回避行為が挙げられると指摘しており，租税回避行為による測定誤差を調整すると，欧州は対外純資産国となり，米国の対外純債務も相当改善することを報告している。

　多国籍企業の中には複雑な租税回避行為を行っている企業が少なくなく，こうした企業の租税負担は表面上の法人税率では測定できない。たとえば，複雑な租税回避スキームの事例としてしばしば登場するダブルアイリッシュ・ウィズ・ア・ダッチサンドイッチ（Double Irish with a Dutch Sandwich：DIDS）を採用するグーグル社やアップル社の実質的な税負担は2～3％程と言われているが，アイルランドやオランダの法人税率はせいぜい12.5％，25％である。こうした驚異的に低い税負担はアイルランドやオランダが各国と結んでいる租税条約を利用することにより可能となる。当該租税回避スキームの詳細はここでは割愛するが，米国本社がアイルランドに設立した子会社から受け取るライセンス料を，アイルランドの子会社から受け取るのではなく，オランダに設立した別会社を経由して受け取る形をとれば，源泉徴収税はかからないことになる[2]。

　米国の直接投資残高を投資先国別に区分して産業・目的別の占有率をみると，全体の52％ほどが持株会社向けの投資であり，なかでもルクセンブルクやオランダの持株会社向け投資残高はそれぞれ89.97％，79.41％，ケイマン等のカリブ海諸国およびバミューダ等が66.54％，アイルランドが54.11％，シンガポールが50.26％となっている。米国の持株会社向け投資総額のなか

---

[2] 増田（2017）はオランダにおける節税の仕組みとして，オランダ持ち株会社の子会社からの配当金，キャピタルゲインに対する一定の条件の下での法人所得税の免除，各国間での配当・利子および使用料の源泉徴収を実質的に免除する租税条約の締結などを挙げている。オランダには持株会社誘致を目的とする税制があり，オフショア事業・投資拠点とオフショア・タックスヘイブンとの間に介在する導管国（Conduit country）として強い影響力を有していると考えられる。

ではオランダやルクセンブルクなどの特定国向けの投資が突出しており，製造業の投資先が各国に分散しているのとは対照的である。いわゆる多国籍企業においては，企業グループ全体の経営の効率化，複数の海外子会社の所有と管理の効率化，複数の事業に伴うリスクの分散と隔離など，事業上の観点から持株会社が設立されることが多く，持株会社の拠点を選択するに当たっては，法的なインフラ，地理上の観点，人的資源，外資に対する規制など，様々な要素が考慮されるが，米国の直接投資先を見る限り，企業グループ全体のキャッシュフローの観点から税務上の要素を考慮する傾向が強いことが窺える。

　そこで本研究では，対外投資のなかでも対外直接投資に焦点を当て，対外直接投資の収益率の決定要因について実証分析を行い，日米の比較を行うことを企図する。膨大な対外債務を抱える米国の第一次所得収支が黒字であるのは直接投資収益の黒字によるものであるが，直接投資収益の相当な部分が米国企業の租税回避行為に起因している可能性もある。人口構成の変化等を背景に対外純資産の減少が懸念されるわが国において，対外直接投資の収益性を向上させるために米国の事例が参考になり得るとはいえるが，OECDを中心に租税回避行為に対する対策が強化されるなか，日本企業が租税回避行為に傾斜して直接投資の収益性を高めるようになっても長期的な解決にはならない。また，租税回避行為が直接投資の収益性の向上につながるとしても，それが経済厚生の向上につながるとも限らない。そこで，ここでは対外直接投資の収益性に影響を及ぼし得る要因として各種のマクロ要因の他に租税回避に関連する要因に焦点を当て，日米の対外直接投資の収益性がどのような要因の影響を受けているかを検証する。具体的には，法人税率と直接投資収益率との関係も分析するが，それに加えて，特にタックスヘイブン向け投資と非タックスヘイブン向け投資の比較においてどのような特徴がみられるかを考察する。

　本稿の構成は以下の通りである。まず，第2章では本研究で採用する分析モデルを解説し，第3章では使用するデータを説明する。第4章では実証結果を示す。最後に結論を述べる。

2. 対外直接投資収益率の決定要因に関する分析モデル

Bosworth et al.（2007）は，gravity model に基づいて 51 の投資先国に関するパネル分析を行い，米国の対外直接投資の収益額に関する決定要因を法人税率格差も含めて検証している。しかし米国の直接投資に関しては，投資残高が大きい国は投資収益額と投資収益率が共に高くなる傾向がみられ，また投資残高の高低は必ずしも貿易のつながりの深さや地理的条件に規定されているようにはみえない。たとえば，米国の対外直接投資について，2016年時点ではオランダやルクセンブルク，アイルランド向けの直接投資のほうが隣国のカナダやメキシコ向けの直接投資よりも残高が大きく，またこの3カ国向けの直接投資の収益率はカナダ，メキシコ向けよりも高い。また，スイスやシンガポール，香港向けの直接投資残高もメキシコ向けよりも大きいが，これらの3カ国の直接投資収益率も非常に高い。経済成長率の高い国に対する直接投資の収益率は高くなる可能性があるが，オランダやスイスの経済成長率は決して高いとは言えない[3]。一方，Curcuru and Thomas（2015）は米国直接投資の超過収益率の要因として法人税率，ソブリンリスク，投資の経過年数等に着目し，時系列データに基づいて分析している。

そこで，本研究では，Curcuru et al.（2013），Curcuru and Thomas（2015）にならい法人税率やソブリンリスク要因などを考慮しつつ，Bosworth et al.（2007）と同じく投資先国に関するパネル分析を日米に関して行うことにより，直接投資の収益率の決定要因として主に法人税率の水準やタックスヘイブンの影響を考察する。具体的には，日本からの（もしくは米国からの）対外直接投資の収益率の決定式として以下の推計式（1）を推計する。

---

[3] 2005年から2016年までの平均で見ると，オランダ，アイルランド，スイス，シンガポール，香港向けの直接投資収益率はそれぞれ 11.74%，19.64%，15.71%，16.6%，12.37%であるのに対し，カナダやメキシコ向け直接投資の収益率はそれぞれ 8.74%，10.83%である。また，オランダやスイスの経済成長率は同期間の平均でそれぞれ 1.25%，1.98%であるのに対し，カナダやメキシコの経済成長率の平均値は 1.78%，2.47%である。

$$DIRET_{i,t} = \text{const} + \beta TAX_{i,t} + \sum \delta_k RISK_{i,t}^h + \sum \gamma_k Z_{i,t}^k + \eta DM_{year} + \varepsilon_{i,t} \tag{1}$$

ここで，$DIRET_{i,t}$ は t 年において i 国向け直接投資から得られた収益率であり，分母に期首と期末の投資残高の平均値を，分子に第一次所得収支項目である直接投資収益をとって計算している。$TAX_{i,t}$ は i 国の法人税率，$RISK_{i,t}^h$ は当該国向け直接投資のリスク要因，$Z_{i,t}^k$ は税，リスク要因以外の直接投資収益率の決定要因，DM_{year} は年ダミー（あるいは期間ダミー）である。なお，Curcuru et al.（2013），Curcuru and Thomas（2015）は対外直接投資の収益率から対米直接投資の収益率を差し引いた直接投資の超過収益率の決定要因を検証しているが，ここでは対外直接投資収益率を被説明変数としている。

直接投資の収益率に直接影響を与える説明変数として法人税率およびリスク要因を考える。後者について，Curcuru et al.（2013），Curcuru and Thomas（2015）はソブリン CDS スプレッドを用いて米国の直接投資の超過収益率に対するソブリンリスクの影響を検証しているが，ソブリン CDS スプレッドが取得できる対象国は限られることに加え，CDS スプレッドは倒産リスクだけではなく市場参加者のリスク・アペタイトの変化等によっても変動するという問題も抱えている。そのため，ここではその他のソブリンリスク指標として対外純資産の対 GDP 比率や公的債務の対 GDP 比も用いる。

法人税率やリスク要因以外の直接投資収益率の決定要因として，GDP 成長率，産業比率，為替変化率を導入する。GDP 成長率は経済状況のクロス・セクション間の差異および時系列的変動をコントロールする。また，日本ではアジア諸国の直接投資が高収益を実現する傾向がみられたが，アジア諸国の直接投資は押しなべて製造業比率が高い。そこで，産業比率として製造業向け直接投資残高を直接投資残高総額で除した製造業比率を用い，直接投資収益率との関連を分析する。さらに，説明変数に為替変化率を追加することで為替変動の影響をコントロールしている。本研究で用いる直接投資収益率の分母は期首と期末の自国通貨建て投資残高の平均値であるため期首と期末の為替レートの平均値で評価されていることになるが，分子の直接投資収益

は支払い等が実施された日が属する月（の末日）における為替レートで評価されている。したがって，為替変動が直接投資収益率に与える影響は支払い等が行われる日付の分布と為替レートの推移に依存し，対外直接投資収益は為替評価損益を部分的に反映していることになる。また，為替変動が現地子会社，支店の営業利益に影響を与えれば，その影響は直接投資収益にも反映されるはずである。

多国籍企業のなかには大手会計事務所等の助言を得て複雑な租税回避行為を行っている企業もある。まず，多国籍企業は法人税率が低い国への投資を拡大させるインセンティブを有するものと考えられるが，法人税率が変わらなくても，複雑な節税の仕組みを組み込むことで実質的な税負担を削減できる。タックスヘイブン国では低率の法人税率を設定する傾向が強いが，法人税率以外にも多様な優遇税制措置が講じられているため，多国籍企業にとってのタックスヘイブン国への投資のインセンティブを示すものとして法人税率だけでは不十分であろう。たとえば，海外直接投資の導管国として多額の直接投資を受け入れているオランダの表面的な法人税率は2016年時点で25%であるが，オランダよりも法人税率が低いスウェーデン（22%）やフィンランド（20%）よりもはるかに多額の直接投資を受け入れている。従って，本研究ではタックスヘイブン国を定義し，以下のような推計式（2）を推計する。

$$DIRET_{i,t} = \mathrm{const} + \beta TAX_{i,t} + \sum_k \gamma_k Z_{i,t}^k + \sum_h \delta_k RISK_{i,t}^h \\ + \eta DM_{year} + \rho DM_{thaven} + \varsigma DM_{year} DM_{thaven} + \varepsilon_{i,t} \qquad (2)$$

ここで，DM_{thaven}はタックスヘイブン国であれば1をとるダミー変数である。ρが正値を示せば，法人税率などの諸要因による影響を取り除いた上で，なお，タックスヘイブン国のほうが非タックスヘイブン国よりも直接投資の収益率が高いことになり，さらにςが正値を示せば，こうした傾向が近年においてさらに強まっていることになる。租税回避行為の詳細に関するデータを入手することは困難であるが，本研究では期間ダミーを導入することで，多国籍企業の租税回避行為にどのような変化が生じているかを考察する。

3. データ

　本論文では日本および米国の28カ国における対外直接投資収益率について2005年から2016年までの年ベースのパネル・データを用いて実証分析を行う。米国の対外直接投資に関するデータについては国際収支統計第6版に基づくデータを当該期間にわたって確保できるが[4]，日本については国際収支統計第6版に基づくデータが公表されているのは2014年以降のみであり，それ以前は国際収支統計第5版に基づくものしかない。そのため，日本については2013年まで国際収支統計第5版に基づく直接投資収益率データに2014年以降の国際収支統計第6版に基づく直接投資収益率データをつなげて使用している[5]。日本の対外直接投資収益率については28カ国のデータが入手可能であるのに対し，米国の対外直接投資収益率については150カ国ほどの投資先国のデータが入手可能であるが，投資残高が少ない投資先国のなかには欠損値ばかりの国も少なくなく，また，説明変数として採用するマクロデータが入手できない国も多い。そこで，米国の投資対象国についてもまずは日本と揃えて28カ国とした。日本についても，28カ国以外にケイマン諸島，中東諸国の海外直接投資収益率も入手可能だが，これらの国々のマクロデータ等が入手不可能であるため分析対象から除外している[6]。当然のことながら，日本の投資先国には（日本が含まれず）米国が含まれるが，米国の投資先国には（米国が含まれず）日本が含まれる。日本の投資先28カ国における投資残高が投資残高総額に占める占有率は2005年から2016年まで

---

[4] 米国のデータはさらに遡ることができるが，日本の直接投資の製造業比率に関するデータは国際収支第5版を用いても入手できるのは2005年以降であったため，分析期間は2005年以降とした。

[5] 国際収支統計マニュアル変更による影響を，2014年以降を1とする期間ダミーを導入したり推計期間を2013年までに限定して確認したが，結果はほとんど変わらなかった。

[6] 米国については投資残高の上位45カ国（この45カ国には28カ国のすべてが含まれる）を対象とする分析も行ったが，結果に大きな違いは認められなかった。また，日本のベトナム向け直接投資のデータも入手可能だが，ソブリンリスク指標が入手できなかったため除外した。

の平均で89.1%,米国の投資先28カ国の投資残高の占有率は同期間で75.6%である。上述の通り,本研究の投資対象国にはケイマン諸島等,著しく低い法人税率を設定している国々は含まれていない。Jahnsen and Pomerleau（2017）によると,法人税率が0%の国は14カ国あるが,2005年から2016年までの当該14カ国への投資残高の占有率を日米で比較してみると,公表ベースで日本は5.2%,米国は10.9%である[7)8)]。このことから米国は日本よりも投資先国を分散化させており,そのなかには法人税率が0%の国への投資が相当程度含まれていることがわかる。

対外直接投資収益,対外直接投資残高,直接投資の製造業比率（MANUF）に関するデータの出所は,日本は財務省および日本銀行であり,米国はBureau of Economic Analysisである[9)]。また,実質GDP成長率（GDPGR）は世界銀行から,対外純資産対GDP比（NETEX）,公的債務対GDP比（GOVD）の作成に要するデータおよびソブリンCDSスプレッド（SOVCDS）,対円為替変化率,対米ドル為替変化率は,Thomson Reuters, *Datastream* からそれぞれ取得した。なお,ソブリンCDSスプレッドと為替レートは各年12月の月中平均値を用い,為替変化率（FX）は対前年比変化率を計算した。ここで,

---

[7)] 日本のケイマン諸島向け直接投資がピークを迎えた2008年時点における占有率は9%に達したが,世界金融危機以降,タックスヘイブンへの国際的な批判が高まるにつれてケイマン向け直接投資は急減した。米国でも2009年のピーク時にタックスヘイブン向け投資残高の占有率が12.6%まで上昇するが,その後は微減となる。2002年から2016年にかけてのこれら諸国向けの米国の直接投資残高は平均で11.4%の伸びで上昇しており,2006年から2007年にかけての伸び率は45.5%となったが,2010年以降の伸び率は大幅に低下している。

[8)] 米国の対内直接投資については子会社の債権筆頭者の所属国で投資国を特定したデータの他に究極的な利益の所有者（UBO: Ultimate Beneficial Owner）の所属国で定義されたデータが利用可能であるが,対外直接投資については前者のデータが取得可能である。日本の対外直接投資も子会社の債権筆頭者の所属国で特定されたデータが利用可能であり,日米の対外直接投資データの定義は共通となっている。

[9)] 産業別直接投資残高についても,日米で産業区分が異なるため,MANUFは統一基準に基づく変数とはなっていない。したがって,製造業比率の高低と直接投資収益率との定量的な関係を日米で厳密に比較するには注意が必要だが,定性的な関係の解明にとどめるのであれば問題ないと考える。

為替レートは1円当たり（あるいは1米ドル当たり）外貨の単位で表示しているため，数値の上昇は円（あるいは米ドル）の増価を表す。また，ソブリンCDSスプレッドは最も流動性の高い5年物を採用しており，これは2007年より入手可能である。投資先国の法人税率（TAX）はKPMGがホームページで公開している実効税率を用いた。

なお，日米とも全世界所得課税方式を採用しているが，日本は2009年の外国子会社配当益金不算入方式導入により部分的に国外所得免除方式に移行している。全世界所得課税方式の場合，法人税率が国内税率よりも低い国に投資したことで発生する超過利益は国内に還流させるか投資先国に滞留させるかで異なる。すなわち，内外の税率の格差によって生じた超過利益を配当として本国に送金させると，それに対して国内の税率で課税されるため，低法人税率の国に投資しても超過利益は発生しないが，超過利益を内部留保させるとその分の国内での課税は免れる。そのため，全世界所得課税方式を採用している国に拠点をおく多国籍企業は利益を投資先国に留保する傾向がみられた。しかし外国子会社の利益の日本国内への資金還流を促進する観点から，日本は一定の外国子会社から受ける配当を益金不算入としたことから，配当金の国内への送金が徐々に増大している。なお，Hasegawa and Kiyota (2015) は2009年に導入された外国子会社配当益金不算入制度が本邦企業の海外子会社による配当金還流にどのような影響を及ぼしたかを，足立（2017）は当該税制改革が本邦企業の海外直接投資に及ぼした影響をそれぞれ分析している。ただし，本研究では配当金や再投資収益を含めた直接投資収益総額を分析対象としているため[10]，配当金収益と再投資収益の配分に影響を及ぼすものと考えられる税制改革の影響は特に考慮していない。

タックスヘイブンの定義は確立しておらず，諸機関によるタックスヘイブン国リストにも相違がみられる。タックスヘイブンのリストとしてよく使われているのはOECDタックスヘイブン「ブラックリスト」であり，2009年

---

[10] 本研究で採用する直接投資収益には，配当金・配分済支店収益，再投資収益，利子所得が含まれるが，その大半は配当金・配分済支店収益と再投資収益が占める。

の公開以来,改定が続けられている。ただし,志賀 (2013) が指摘するように,主権国家の思惑によりブラックリストに掲載されないタックスヘイブンも存在する。山口 (2009) は日本政府,OECD,金融安定化フォーラム,金融活動作業部会,税公正ネットワーク,米国会計検査院,米国上院規制法案がタックスヘイブンと指定している国のリストを掲載している。本研究はこれに基づき,3機関以上がタックスヘイブンと指定している国をタックスヘイブン国,1機関ないしは2機関がタックスヘイブンと指定している国を準タックスヘイブン国と定義し,それぞれタックスヘイブン・ダミー (THAVEN),準タックスヘイブン・ダミー (SUBTHAVEN) を用いて区別した。

本研究にてタックスヘイブンと選定された国の2005年から2016年における法人税率の平均値は25.1％であり,非タックスヘイブンのそれは29.7％である。分析対象国のうち最も法人税率が低いのはタックスヘイブンとして選定されている香港 (16.7％) であるが,タックスヘイブンのなかにも法人税率が34％に達する国 (ベルギー) もある。一方,法人税率が最も高いのは非タックスヘイブンである米国 (40％) だが,非タックスヘイブンのなかにも法人税率を低位に設定している国もある (非タックスヘイブンで最も低位であるのは台湾の20.1％)。全般的にタックスヘイブンのほうが法人税率を低位に設定する傾向がみられ,それ故,タックスヘイブンは低い法人税率により直接投資の受け入れの促進を意図している国といえるが,タックスヘイブンと非タックスヘイブンでは法人税率の分布に重複がみられることも事実である。法人税率の差異では説明できないタックスヘイブンと非タックスヘイブンの直接投資収益率の差異をみるために,本研究ではタックスヘイブン・ダミーを導入し,直接投資収益率との関係を検証する。

表1は本研究で使用するデータの基本統計量である[11]。対象国の違いは,

---

[11] 米国の対象国を45カ国とした場合の基本統計量は,全期間で測った米国の直接投資収益率が1.1％ほど高まっている程度で大きな差はなく,GDPGR,MANUF などのマクロ要因にも大差は見られない。一方,投資先国のソブリンリスクを表す NETEX と SOVCDS については,投資対象国を45カ国にした場合のほうが高リスクを示し↗

日本（米国）の投資先国に日本（米国）が含まれず米国（日本）が含まれている点のみであるため，TAX，GDPGR，SOVCDS などの平均値に相違はほとんどない。ソブリンリスク指標のうち，NETEX，GOVD はともに米国のほうが数値が高くなっている。これは，日米を比較すると，（米国のデータに含まれる）日本のほうが米国よりも対外純資産の対 GDP 比が高い一方で財政赤字の対 GDP 比も高いためである。

一方，DIRET については米国のほうが大幅に上回っている。全期間において，米国の直接投資収益率の最大値は 41.6％，最小値は −2.4％であるのに対し，日本の直接投資の収益率の最大値は 28.1％，最小値は −33.2％である。平均値を標準偏差で除したリスク 1 単位当たりの収益率（シャープレシオ）でみると米国が 1.79，日本が 1.33 となっており，収益率の変動性を考慮してもなお米国のほうが高い投資パフォーマンスを実現していると言える。

また，日米ともに，2008 年までの期間の直接投資収益率が最も高く，2009 年以降収益率が低下するが，米国では 2011 年以降の期間の収益率がリーマンショック直後以上に低下しているのに対し，日本ではリーマンショック直後の 2009–2010 年の期間の収益率が最も低くなっている。さらに，法人税率も後半期間のほうが低下傾向にある。法人税率の引き下げは世界的な現象として進んでおり，日米の投資先国においても法人税率が引き下げられる傾向が確認できる。また，日本については製造業比率が後半で低下しているが，これは非製造業の海外直接投資の拡大によるものであろう[12]。

表 2 は投資先 28 カ国とそのうちのタックスヘイブン国の直接投資収益率に関する基本統計量を示したものである。本研究では，分析期間中においてタックスヘイブン国の入れ替えは行っておらず，タックスヘイブンと定義された国はタックスヘイブン国，準タックスヘイブン国を合わせて 8 カ国

↗ ている。これは，日本の投資先はソブリンリスクが安定している国に集中しており，米国のほうがソブリンリスクの高い国にも直接投資を行っていることを示唆している。

[12] 2011 年から 2016 年の期間で日本の MANUF の最小値が負値となっているが，これは 2016 年時点のロシア向け直接投資において，財務省の統計ではロシアの製造業向け投資残高が −66 億円と計上されていることによる。

表1 基本統計量

2005–2016

	DIRET		TAX		GDPGR		MANUF		FX		NETEX		GOVD		SOVCDS	
	日本	米国	日本	米国	日本	米国	日本	米国	日本	米国	日本	米国	日本	米国	日本	米国
平均	0.076	0.113	28.114	28.059	0.030	0.030	0.568	0.264	−0.004	0.023	0.169	0.198	0.507	0.544	0.011	0.011
最大値	0.281	0.416	40.000	40.690	0.152	0.152	1.000	0.669	0.445	0.729	3.595	3.595	1.283	2.013	0.075	0.075
最小値	−0.332	−0.024	16.500	16.500	−0.078	−0.078	−0.037	0.017	−0.356	−0.268	−0.980	−0.980	0.057	0.057	0.001	0.001
標準偏差	0.057	0.063	5.943	5.868	0.032	0.032	0.203	0.154	0.143	0.114	0.831	0.829	0.271	0.358	0.010	0.010
標本数	336	335	336	336	336	336	336	336	336	336	331	331	294	294	212	212

2005–2008

	DIRET		TAX		GDPGR		MANUF		FX		NETEX		GOVD		SOVCDS	
	日本	米国	日本	米国	日本	米国	日本	米国	日本	米国	日本	米国	日本	米国	日本	米国
平均	0.099	0.138	30.228	30.253	0.042	0.041	0.610	0.258	0.027	0.018	0.119	0.140	0.450	0.486	0.019	0.019
最大値	0.281	0.343	40.000	40.690	0.142	0.142	1.000	0.621	0.445	0.461	2.883	2.883	0.993	1.437	0.075	0.075
最小値	−0.007	0.035	16.500	16.500	−0.013	−0.013	0.053	0.018	−0.356	−0.190	−0.856	−0.856	0.057	0.057	0.001	0.001
標準偏差	0.054	0.061	5.494	5.540	0.029	0.029	0.223	0.152	0.169	0.130	0.775	0.775	0.235	0.305	0.020	0.020
標本数	112	111	112	112	112	112	112	112	112	112	112	112	91	91	29	29

2009–2010

	DIRET		TAX		GDPGR		MANUF		FX		NETEX		GOVD		SOVCDS	
	日本	米国	日本	米国	日本	米国	日本	米国	日本	米国	日本	米国	日本	米国	日本	米国
平均	0.053	0.118	28.023	28.047	0.019	0.018	0.563	0.259	−0.013	−0.048	0.170	0.197	0.495	0.529	0.009	0.009
最大値	0.193	0.416	40.000	40.690	0.152	0.152	0.848	0.572	0.162	0.103	3.435	3.435	1.085	1.680	0.027	0.027
最小値	−0.332	−0.024	16.500	16.500	−0.078	−0.078	0.202	0.023	−0.349	−0.268	−0.970	−0.970	0.087	0.087	0.002	0.002
標準偏差	0.079	0.076	5.649	5.703	0.050	0.051	0.187	0.151	0.118	0.086	0.906	0.907	0.257	0.337	0.006	0.005
標本数	56	56	56	56	56	56	56	56	56	56	54	54	50	50	45	45

2011–2016

	DIRET		TAX		GDPGR		MANUF		FX		NETEX		GOVD		SOVCDS	
	日本	米国	日本	米国	日本	米国	日本	米国	日本	米国	日本	米国	日本	米国	日本	米国
平均	0.069	0.095	26.736	26.599	0.027	0.027	0.541	0.270	−0.021	0.049	0.203	0.238	0.546	0.584	0.010	0.010
最大値	0.229	0.398	40.000	40.690	0.095	0.095	0.912	0.669	0.332	0.729	3.595	3.595	1.283	2.013	0.045	0.045
最小値	−0.088	0.009	16.500	16.500	−0.038	−0.038	−0.037	0.017	−0.290	−0.137	−0.980	−0.980	0.085	0.085	0.001	0.001
標準偏差	0.044	0.054	5.947	5.709	0.023	0.024	0.191	0.158	0.127	0.099	0.845	0.841	0.291	0.389	0.008	0.008
標本数	168	168	168	168	168	168	168	168	168	168	165	165	153	153	138	138

(28.6%) である。対象国全体とタックスヘイブン国の収益率を比較してみると、期間やタックスヘイブン・ダミーに関わらず、米国ではタックスヘイブン向け直接投資の収益率が全体を上回っている。とりわけTHAVENでタックスヘイブン国を定義した場合には、収益率のみならずシャープレシオでみても非タックスヘイブン国を凌駕している。逆に、日本では全期間でみた場合にタックスヘイブン国向けの収益率が全体の収益率を下回っているが、2011年以降の期間では準タックスヘイブン国の収益率が全体の収益率よりも高くなり、2009年から2010年の期間では準タックスヘイブン国に加えてタックスヘイブン国の収益率もサンプル全体の平均値を上回るという結果が得られた。また、タックスヘイブン向けの直接投資収益率に関しても、日米ともに2008年までの期間と比べて2009年以降の期間のほうが収益率が低下する傾向が確認されるが、米国では2011年以降のほうが2009–2010年の期間よりも収益率の低下が著しいのに対し、日本ではリーマンショック直後の期間のほうが収益率の落ち込みが大きいことがわかる。

上述の基本統計量では、米国においてとりわけタックスヘイブン国向けの直接投資収益率がそれ以外の国への直接投資の収益率よりも高いことが示された。ただし、直接投資収益率は投資先国の税率やマクロ経済状況など様々な要因の影響を受ける。従って次節では、推計式 (1), (2) により、他の要因の影響をコントロールしてもなお、タックスヘイブン国向けの直接投資において高い収益率が実現されるのかどうかを検証する。

4. 実証結果

表3の左8列は推計式 (1) を米国の直接投資収益率に関して主体固有効果を示すダミーを含む固定効果モデルに基づいて推計した結果である[13]。経

---

[13] 日米ともにクロス・セクションの分散不均一性を調整した標準偏差を用いて有意性を検証しているが、クロス・セクションの分散不均一性と同時相関誤差を修正した標準偏差や時系列分散不均一性と系列相関を修正した標準偏差を用いても結果に大差はなかった。また、系列相関を除去するためにAR項を含めたモデルを推計しても、結果はほとんど変わらない。

表2 タックスヘイブン国の直接投資収益率に関する基本統計量

		DIRET		DIRET*THAVEN		DIRET*SUBTHAVEN		DIRET*(THAVEN+SUBTHAVEN)		THAVEN	SUBTHAVEN
		日本	米国	日本	米国	日本	米国	日本	米国		
						2005–2016					
平均		0.076	0.113	0.071	0.138	0.076	0.134	0.074	0.136	0.143	0.143
最大値		0.281	0.416	0.186	0.230	0.188	0.416	0.188	0.416	1.000	1.000
最小値		-0.332	-0.024	-0.008	0.057	0.002	0.036	-0.008	0.036	0.000	0.000
標準偏差		0.057	0.063	0.057	0.044	0.038	0.087	0.049	0.069	0.350	0.350
標本数		336	335	48	48	48	47	96	95	336	336
						2005–2008					
平均		0.099	0.138	0.092	0.170	0.079	0.138	0.085	0.155		
最大値		0.281	0.343	0.186	0.230	0.139	0.343	0.186	0.343		
最小値		-0.007	0.035	-0.007	0.131	0.044	0.046	-0.007	0.046		
標準偏差		0.054	0.061	0.066	0.031	0.029	0.079	0.052	0.062		
標本数		112	111	16	16	16	15	32	31		
						2009–2010					
平均		0.053	0.118	0.057	0.134	0.069	0.154	0.063	0.144		
最大値		0.193	0.416	0.124	0.169	0.171	0.416	0.171	0.416		
最小値		-0.332	-0.024	-0.008	0.104	0.002	0.042	-0.008	0.042		
標準偏差		0.079	0.076	0.057	0.019	0.047	0.116	0.053	0.084		
標本数		56	56	8	8	8	8	16	16		
						2011–2016					
平均		0.069	0.095	0.063	0.118	0.077	0.125	0.070	0.121		
最大値		0.229	0.398	0.146	0.193	0.188	0.398	0.188	0.398		
最小値		-0.088	0.009	0.004	0.057	0.018	0.036	0.004	0.036		
標準偏差		0.044	0.054	0.046	0.045	0.041	0.078	0.043	0.064		
標本数		168	168	24	24	24	24	48	48		

注) DIRET とタックスヘイブン・ダミーとの交差項がゼロとなるサンプルは分析から除外している。

済成長率は有意で正の係数値となっており，経済成長率の高い国ほど高い直接投資収益率を実現していることを示している。また，製造業比率の係数は負値を示しており，米国の直接投資に関しては，製造業向け直接投資の比率が低い国への直接投資がより高い収益率を達成する傾向にあることを示唆している。為替変化率の係数も負値となっており，ドル高の局面で直接投資の収益率が低下する傾向が示されている。ソブリンリスクの指標として対外純資産の対GDP比，公的債務の対GDP比，ソブリンCDSスプレッドを用いているが，このうち対外純資産対GDP比については有意かつ符号条件が一致しており，ソブリンリスクの負担により高い収益を実現できることが示されている。他方，公的債務の対GDP比については期待される符号とは逆の結果が得られている。法人税率の係数値は，ここでは正値で有意となっている。これも一般的に想定される符号と反対である。

　前節に掲載した基本統計量では，2009年以降の期間で直接投資収益率が低下する傾向が示された。2009年から2010年の期間はリーマンショックの影響がまだ色濃く残っていた時期であり，世界的な景気の落ち込みにより貿易活動，その他のグローバルな経済活動が抑制された時期でもある。2011年頃になると，欧州ソブリン危機の影響を強く受けた一部の地域を除けば，リーマンショックの影響も緩和されるようになったが，主要各国にて実施されてきた非伝統的金融緩和政策の効果が顕現するようになり，資金調達コストの大幅な低下から新興国を含めたグローバルな資本フローが拡大し，その一部は直接投資という形で投資されていたと考えられる。そこで，表3の右6列では，主体固有効果を示すダミーを含む固定効果モデルに2009年から2010年の期間に1をとる期間ダミー（$DM_{2009-2010}$），2011年以降で1をとる期間ダミー（$DM_{2011-2016}$），および年ダミー（DM2006～DM2016）を導入した。経済成長率，製造業比率，対外純資産の対GDP比率は依然として有意である。一方，法人税率は有意ではなくなり，符号も一部負値となった。期間ダミーおよび年ダミーは概して有意であり，$DM_{2009-2010}$と$DM_{2011-2016}$の係数の平均はそれぞれ−0.012，−0.0319，年ダミーが有意になり始めた2010年以降

表3 米国の対外直接投資収益率の決定要因

Sample period	2005–2016	2005–2016	2005–2016	2005–2016	2005–2016	2005–2016
Cross-sections included	28	28	28	28	27	27
Total panel observations	335	332	330	326	294	285
Constant	−0.0374	0.0833 ***	−0.0364	0.0420	0.0751 ***	0.1965 ***
	(0.0317)	(0.0313)	(0.0243)	(0.0271)	(0.0245)	(0.0424)
TAX	0.0046 ***	0.0008	0.0047 ***	0.0025 ***	0.0022 ***	−0.0008
	(0.0008)	(0.0010)	(0.0006)	(0.0009)	(0.0007)	(0.0012)
GDPGR	0.5506 ***	0.3884 ***	0.5166 ***	0.3753 ***	0.4766 ***	0.3556 ***
	(0.1400)	(0.0512)	(0.1302)	(0.0577)	(0.0885)	(0.0452)
MANUF	0.0275	−0.0459	0.0243	−0.0450	−0.0020	−0.0446
	(0.0430)	(0.0470)	(0.0423)	(0.0482)	(0.0379)	(0.0563)
FX	−0.0514	0.0002	−0.0381	0.0063	−0.0567 *	−0.0015
	(0.0323)	(0.0140)	(0.0328)	(0.0166)	(0.0309)	(0.0133)
NETEX			−0.0303 ***	−0.0253 **		
			(0.0093)	(0.0108)		
GOVD					−0.0744 ***	−0.1227 ***
					(0.0174)	(0.0396)
SOVCDS						
DM$_{2009-2010}$						
DM$_{2011-2016}$						
DM2006						
DM2007						
DM2008						
DM2009						
DM2010						
DM2011						
DM2012						
DM2013						
DM2014						
DM2015						
DM2016						
Adj. R^2	0.6526	0.7398	0.6626	0.7478	0.6811	0.7501
DW	1.0290	1.9533	1.0729	2.0650	1.1064	1.9857
AR項の有無	無	有	無	有	無	有

注）各説明変数に関する上段の数値は推計値，下段の数値は標準偏差を表している。***，**，* はそれぞれ有意水準1％，5％，10％で有意であることを示す。ここでは固定効果モデルを採用しており，クロス・セクション固有効果を示すダミーが含まれている。標準偏差はクロス・セクションの分散不均一性を修正したホワイトの標準偏差となっている。

租税回避行為と対外直接投資の収益性

2007–2016	2008–2016	2005–2016	2005–2016	2007–2016	2005–2016	2005–2016	2007–2016
23	23	28	27	23	28	27	23
212	189	330	294	212	330	294	212
−0.0676 *	0.1403 **	0.0828 ***	0.1206 ***	0.0499	0.0940 ***	0.1345 ***	0.1068 ***
(0.0403)	(0.0569)	(0.0193)	(0.0198)	(0.0390)	(0.0176)	(0.0223)	(0.0379)
0.0050 ***	−0.0014	0.0011	0.0003	0.0018 *	0.0004	−0.0004	0.0000
(0.0010)	(0.0016)	(0.0007)	(0.0006)	(0.0011)	(0.0007)	(0.0006)	(0.0013)
0.5004 ***	0.4004 ***	0.4441 ***	0.4391 ***	0.4946 ***	0.5083 ***	0.4506 **	0.3910 **
(0.1745)	(0.0830)	(0.0871)	(0.0835)	(0.1208)	(0.1405)	(0.1917)	(0.1886)
0.0797	−0.0992 *	0.0300	0.0082	0.0795	0.0382	0.0212	0.0713
(0.0653)	(0.0541)	(0.0447)	(0.0410)	(0.0684)	(0.0464)	(0.0472)	(0.0732)
−0.0637 *	0.0008	−0.0308	−0.0482 *	−0.0458	−0.0185	−0.0482 **	−0.0162
(0.0324)	(0.0187)	(0.0208)	(0.0250)	(0.0300)	(0.0198)	(0.0241)	(0.0216)
		−0.0201 **			−0.0122 **		
		(0.0079)			(0.0054)		
			−0.0351 *			−0.0125	
			(0.0184)			(0.0141)	
0.0111	−0.0109			−0.3291			−0.9798 *
(0.3359)	(0.4249)			(0.3569)			(0.5455)
		−0.0147 ***	−0.0088 *	−0.0125 **			
		(0.0035)	(0.0046)	(0.0056)			
		−0.0334 ***	−0.0246 **	−0.0378 ***			
		(0.0070)	(0.0086)	(0.0084)			
					0.0041	−0.0114 ***	
					(0.0028)	(0.0033)	
					−0.0012	−0.0125 ***	
					(0.0030)	(0.0036)	
					0.0055	0.0019	0.0148
					(0.0042)	(0.0055)	(0.0099)
					−0.0067	−0.0179	−0.0094
					(0.0079)	(0.0134)	(0.0110)
					−0.0170 ***	−0.0164 ***	−0.0042
					(0.0035)	(0.0034)	(0.0069)
					−0.0147 ***	−0.0146 ***	−0.0018
					(0.0026)	(0.0034)	(0.0075)
					−0.0253 ***	−0.0305 ***	−0.0293 ***
					(0.0028)	(0.0048)	(0.0062)
					−0.0257 ***	−0.0302 ***	−0.0290 ***
					(0.0034)	(0.0044)	(0.0074)
					−0.0405 ***	−0.0444 ***	−0.0442 ***
					(0.0044)	(0.0047)	(0.0090)
					−0.0452 ***	−0.0498 ***	−0.0500 ***
					(0.0050)	(0.0057)	(0.0095)
					−0.0500 ***	−0.0515 ***	−0.0587 ***
					(0.0045)	(0.0049)	(0.0078)
0.5830	0.7010	0.7016	0.6948	0.6238	0.7186	0.7112	0.6634
1.0488	2.0517	1.1387	1.1268	1.1632	1.1530	1.1139	1.1278
無	有	無	無	無	無	無	無

の年ダミーの平均は -0.0321 である。すなわち，経済成長等の影響を取り除いた独立的な利回りは，2011年以降のほうがリーマンショック以前よりも3％ほど低下していることになる。なお，直接投資収益率の低下傾向は直近のほうがより顕著になっている。

　上述した通り，米国ではタックスヘイブン向け直接投資のほうが非タックスヘイブン向け直接投資よりも高い収益率が実現されていた。そこで，タックスヘイブン・ダミーを加えた推計式（2）を推計した（表4）。式（2）はタックスヘイブン・ダミーを導入しているため，ここではOLS推計を行っている[14]。$DM_{2009-2010}$ の係数値は有意ではないが，$DM_{2011-2016}$ の係数は負値で有意となり，係数値の平均は -0.0418 となった[15]。また，タックスヘイブン・ダミーの係数は正値で有意になる傾向が見られる。タックスヘイブン・ダミーと $DM_{2009-2010}$ との交差項の係数は正負の両方の推計値が見られるが，$DM_{2011-2016}$ との交差項は正値で有意になる傾向が強い。$DM_{2009-2010}$ および $DM_{2009-2010}$ とタックスヘイブン・ダミーとの交差項の係数値の和（(a) + (d)）の平均値はほぼゼロであるが，$DM_{2011-2016}$ および $DM_{2011-2016}$ とタックスヘイブン・ダミーとの交差項の係数値の和（(b) + (e)）の平均値は -0.025 となった。すなわち，リーマンショック直後の直接投資収益率の落ち込みはタックスヘイブン向け投資でも非タックスヘイブン向け投資でも確認されないが，2011年以降になると収益率の低下が顕現化したことになる。ただし，収益率の落

---

[14] 表4ではその他の説明変数に関する推計結果を省略しているが，タックスヘイブン・ダミーを導入したOLS推計でもGDP成長率の係数値は正値，対外純資産の対GDP比の係数値は負値を示し，固定効果モデルとほぼ同様の結果が得られている。なお，OLS推計においては法人税率の係数値が負値となり，予想通りの結果が得られている。また，製造業比率の係数値はここでは正値で有意であった。OLS推計においても，固定効果モデルの推計と同様に，クロス・セクションの分散不均一性を調整した標準偏差を用いて有意性を検証しているが，クロス・セクションの分散不均一性と同時相関誤差を修正した標準偏差や時系列分散不均一性と系列相関を修正した標準偏差を用いた場合，あるいは系列相関を除去するためにAR項を含めたモデルを推計しても，結論に大差はなかった。

[15] 期間ダミーの代わりに年ダミーを入れても結果はほぼ同様であった。

ち込みは非タックスヘイブン国向け投資のほうが顕著であり，リーマンショック以前と比較して平均して4.18パーセントポイント低下しているのに対し，タックスヘイブン向け投資の収益率の低下幅は平均して2.5パーセントポイントにとどまっている。こうした収益率の落ち込みは投資先国のマクロ環境の変化を考慮してもなお検出される収益率の低下であり，本研究の分析では考慮されなかった要因，たとえば大規模な非伝統的金融緩和政策の実施による世界的な流動性弛緩を背景とするグローバル投資の拡大等を反映したものと解釈し得る。そして，こうしたマクロ経済的要因に因らない収益率の低下はタックスヘイブンのほうが軽微であったことも指摘できる。また，表4では，リーマンショック以前，以後を問わず，タックスヘイブン向け投資の収益率が非タックスヘイブン向け投資の収益率を上回る傾向が示された。非タックスヘイブン向け投資の収益率との差はリーマンショック以前では平均して1.57パーセントポイント，リーマンショック直後および2011年以降ではそれぞれ平均して2.632パーセントポイント，2.626パーセントポイントとなっており，両者の収益率格差が拡大していることが窺える。以上より，米系の多国籍企業はタックスヘイブン向け投資の収益性の面での優位性を活用し，近年においてもなお租税回避行為を続けていることが推察される[16]。

　表5以降は米国と同様にして日本の対外直接投資収益率の決定要因に関して分析した結果である。日本の直接投資収益率について最も顕著な影響を及ぼしているのは製造業比率であり，いずれのソブリンリスク指標を用いても同様の結果が得られる。AR項を含めた場合には為替変化率が有意になる傾

---

[16] 主体固有効果を表すダミー変数を含む固定効果モデルより推計された主体固有効果の係数値をみても同様の結果が得られている。主体固有効果係数の高い国としては，シンガポール，スイス，香港，オランダなどが並んでいるが，山口（2009）に基づき，香港，シンガポール，スイスは本研究ではタックスヘイブン国，オランダは準タックスヘイブン国と定義されている。なお，スイス，オランダの主体固有効果係数はリーマンショック以前よりも最近のほうが顕著に高まっている。ドイツ，フランス，イタリアなど，オランダ，スイスとほぼ同水準の国内成長率や経済構造をもつ他の欧州諸国の主体固有効果係数は平均よりも相当低い。

表 4 米国の対外直接投資収益率におけるタックスヘイブンの影響

ソブリンリスク指標	NETEX	GOVD	NETEX	GOVD
$DM_{2009\text{-}2010}$ (a)	-0.0138	-0.0093	-0.0155	0.0020
	(0.0106)	(0.0152)	(0.0099)	(0.0128)
$DM_{2011\text{-}2016}$ (b)	-0.0452 ***	-0.0425 ***	-0.0419 ***	-0.0313 ***
	(0.0074)	(0.0102)	(0.0066)	(0.0104)
THAVEN+SUBTHAVEN (c-1)	0.0226 ***	0.0065 **		
	(0.0072)	(0.0029)		
THAVEN (c-2)			0.0459 ***	0.0316 ***
			(0.0072)	(0.0057)
SUBTHAVEN (c-3)				
$DM_{2009\text{-}2010}$*(THAVEN+SUBTHAVEN) (d-1)	-0.0119	0.0237 ***		
	(0.0077)	(0.0091)		
$DM_{2009\text{-}2010}$*THAVEN (d-2)			-0.0057	-0.0243 **
			(0.0107)	(0.0105)
$DM_{2009\text{-}2010}$*SUBTHAVEN (d-3)				
$DM_{2011\text{-}2016}$*(THAVEN+SUBTHAVEN) (e-1)	0.0067	0.0354 ***		
	(0.0080)	(0.0058)		
$DM_{2011\text{-}2016}$*THAVEN (e-2)			0.0019	0.0027
			(0.0035)	(0.0063)
$DM_{2011\text{-}2016}$*SUBTHAVEN (e-3)				
(a) + (d)	-0.0257 *	0.0144	-0.0212	-0.0223
(b) + (e)	-0.0385 ***	-0.0071	-0.0399 ***	-0.0287 **
(c) + (d)	0.0106 ***	0.0302 ***	0.0402 ***	0.0073
(c) + (e)	0.0293 ***	0.0419 ***	0.0479 ***	0.0343 ***
(a) + (d-2)				
(a) + (d-3)				
(b) + (e-2)				
(b) + (e-3)				
(c-2) + (d-2)				
(c-2) + (e-2)				
(c-3) + (d-3)				
(c-3) + (e-3)				
Adj. R^2	0.4178	0.3668	0.4253	0.3364

注）各説明変数に関する上段の数値は推計値，下段の数値は標準偏差を表している。***，**，* はそれぞれ有意水準 1％，5％，10％で有意であることを示す。OLS による推計結果であり，標準偏差はクロス・セクションの分散不均一性を修正したホワイトの標準偏差となっている。なお，推計においては，説明変数として法人税率，GDP 成長率，製造業比率，為替変化率，ソブリンリスク指標（対外純資産の対 GDP 比もしくは公的債務の対 GDP 比）も用いている。表中の 24 行目から 35 行目までの数値は 2 つの係数値の和を示しており，***，**，* は係数の和がゼロという制約に関する Wald 検定によりそれぞれ有意水準 1％，5％，10％で有意であることを示す。

NETEX	GOVD	NETEX	GOVD
−0.0157	−0.0132	−0.0128	−0.0091
(0.0120)	(0.0159)	(0.0106)	(0.0151)
−0.0446 ***	−0.0429 ***	−0.0438 ***	−0.0420 ***
(0.0075)	(0.0102)	(0.0072)	(0.0096)
		0.0493 ***	0.0304 ***
		(0.0068)	(0.0053)
0.0068	−0.0164 ***	0.0122	−0.0133 ***
(0.0123)	(0.0022)	(0.0124)	(0.0020)
		−0.0086	−0.0144 **
		(0.0104)	(0.0072)
−0.0175	0.0575 ***	−0.0197	0.0562 ***
(0.0129)	(0.0203)	(0.0128)	(0.0195)
		0.0034	0.0119 **
		(0.0036)	(0.0060)
0.0074	0.0545 ***	0.0089	0.0567 ***
(0.0149)	(0.0091)	(0.0153)	(0.0092)
−0.0332 ***	0.0443 ***		
−0.0372 ***	0.0116		
−0.0108 ***	0.0411 **		
0.0142 *	0.0381 ***		
		−0.0214	−0.0234
		−0.0326 ***	0.0471 ***
		−0.0404 ***	−0.0301 **
		−0.0349 **	0.0148
		0.0407 ***	0.0161 **
		0.0526 ***	0.0423 ***
		−0.0075 ***	0.0428
		0.0211 **	0.0434 ***
0.3958	0.3539	0.4291	0.3727

表5 日本の対外直接投資収益率の決定要因

Sample	2005–2016	2006–2016	2005–2016	2006–2016	2005–2016	2006–2016
Cross-sections included	28	28	28	28	27	27
Total panel observations	336	308	331	302	294	267
Constant	0.0043	−0.0022	−0.0087	−0.0154	−0.0142	0.0179
	(0.0242)	(0.0471)	(0.0293)	(0.0480)	(0.0495)	(0.0674)
TAX	0.0010	0.0012	0.0014 *	0.0015	0.0016	0.0013
	(0.0007)	(0.0016)	(0.0008)	(0.0015)	(0.0012)	(0.0020)
GDPGR	0.1371	−0.1022	0.1315	−0.1018	0.1414	−0.0912
	(0.2174)	(0.2846)	(0.2178)	(0.2831)	(0.2416)	(0.3005)
MANUF	0.0684 **	0.0798	0.0306 **	0.0812	0.0844 **	0.0782
	(0.0300)	(0.0505)	(0.0000)	(0.0519)	(0.0344)	(0.0515)
FX	0.0176	0.0359 **	−0.0151	−0.0343 **	−0.0138	−0.0335 *
	(0.0355)	(0.0149)	(0.0373)	(0.0165)	(0.0336)	(0.0194)
NETEX			0.0109	0.0078		
			(0.0072)	(0.0098)		
GOVD					−0.0192	−0.0506
					(0.0273)	(0.0373)
SOVCDS						
$DM_{2009-2010}$						
$DM_{2011-2016}$						
DM2006						
DM2007						
DM2008						
DM2009						
DM2010						
DM2011						
DM2012						
DM2013						
DM2014						
DM2015						
DM2016						
$adj.R^2$	0.3197	0.4141	0.3121	0.4035	0.3028	0.3862
DW	1.2990	1.8623	1.3108	1.8731	1.3371	1.7618
AR 項の有無	無	有	無	有	無	有

注）各説明変数に関する上段の数値は推計値，下段の数値は標準偏差を表している。***，**，* はそれぞれ有意水準1%，5%，10%で有意であることを示す。ここでは固定効果モデルを採用しており，クロス・セクション固有効果を示すダミーが含まれている。標準偏差はクロス・セクションの分散不均一性を修正したホワイトの標準偏差となっている。

租税回避行為と対外直接投資の収益性

2007–2016	2008–2016	2005–2016	2005–2016	2007–2016	2005–2016	2005–2016	2007–2016
24	24	28	27	23	28	27	23
221	197	331	294	212	331	294	212
−0.0187	0.0239	0.1520 ***	0.1015 **	0.0323	0.1352 ***	0.0920 **	−0.0083
(0.0406)	(0.1004)	(0.0350)	(0.0392)	(0.0322)	(0.0358)	(0.0371)	(0.0292)
0.0006	−0.0005	−0.0028 ***	−0.0021 *	0.0001	−0.0027 **	−0.0022 *	0.0007
(0.0024)	(0.0049)	(0.0011)	(0.0012)	(0.0018)	(0.0010)	(0.0012)	(0.0019)
−0.0114	−0.1549	−0.0839	−0.0914	−0.1104	0.1462	0.0571	0.2224
(0.2549)	(0.3380)	(0.1334)	(0.1323)	(0.1641)	(0.1905)	(0.2075)	(0.2720)
0.1496 **	0.1228	0.0533 **	0.0755 ***	0.1514 **	0.0475 *	0.0701 **	0.1340
(0.0622)	(0.0792)	(0.0262)	(0.0290)	(0.0742)	(0.0278)	(0.0309)	(0.0836)
−0.0505	−0.0465	−0.0079	−0.0075	0.0257	−0.0308	−0.0246	0.0136
(0.0375)	(0.0425)	(0.0200)	(0.0198)	(0.0300)	(0.0427)	(0.0338)	(0.0473)
		0.0179 ***			0.0211 ***		
		(0.0063)			(0.0062)		
			0.0488 *			0.0593 **	
			(0.0281)			(0.0300)	
−0.7444	−0.5468			−1.1768 **			−1.4325 ***
(0.4902)	(0.7528)			(0.4691)			(0.4890)
		−0.0548 ***	−0.0612 ***	−0.0521 ***			
		(0.0118)	(0.0114)	(0.0110)			
		−0.0400 ***	−0.0456 ***	−0.0317 ***			
		(0.0064)	(0.0084)	(0.0085)			
					−0.0021	−0.0020	
					(0.0016)	(0.0013)	
					0.0145 ***	0.0150 ***	
					(0.0028)	(0.0024)	
					0.0201	0.0135	0.0404 **
					(0.0178)	(0.0145)	(0.0199)
					−0.0230 *	−0.0383 ***	0.0025
					(0.0120)	(0.0141)	(0.0174)
					−0.0616 ***	−0.0665 ***	−0.0442 ***
					(0.0071)	(0.0063)	(0.0087)
					−0.0220 **	−0.0299 ***	0.0036
					(0.0088)	(0.0087)	(0.0095)
					−0.0302 ***	−0.0386 ***	−0.0061
					(0.0059)	(0.0082)	(0.0064)
					−0.0470 ***	−0.0569 ***	−0.0151 *
					(0.0075)	(0.0088)	(0.0076)
					−0.0225 ***	−0.0321 ***	0.0060
					(0.0058)	(0.0079)	(0.0043)
					−0.0240 **	−0.0386 ***	−0.0011
					(0.0103)	(0.0120)	(0.0101)
					−0.0342 ***	−0.0440 ***	−0.0109
					(0.0094)	(0.0109)	(0.0084)
0.3169	0.3722	0.4012	0.4009	0.3798	0.4145	0.4053	0.3991
1.5321	1.8975	1.3941	1.4283	1.5821	1.3653	1.3976	1.5957
無	有	無	無	無	無	無	無

向がみられるが，符号に相違は見られない。期間ダミーや年ダミーを追加するとやはりその係数は有意となり，日本の対外直接投資収益率についても世界的な景気動向やグローバルな資金フローが顕著な影響を及ぼしていることが推察される。また，年ダミーを含めない場合には法人税率の係数が正値で有意になる場合もみられたが，年ダミーを含めると有意に負値となり，投資先国の法人税率の引き下げにより直接投資収益率が上昇する傾向が示された。ソブリンリスクに関しては，年ダミー（あるいは期間ダミー）を含めた場合のみ，公的債務対GDP比について符号条件と有意性が満たされている。

表6は，タックスヘイブン・ダミーを導入したモデルについて，OLSで推計した結果である[17]。日本の対外直接投資収益率について特徴的なのは，タックスヘイブン・ダミーや準タックスヘイブン・ダミーの係数が負となっていることである。一方で，期間ダミーの係数は負値，期間ダミーとタックスヘイブン・ダミーとの交差項は正値となったことから，2008年以前では非タックスヘイブン国向けの直接投資のほうが収益率は高かったが，2009年以降に直接投資の収益率が全体的に悪化する中で，タックスヘイブン国向けの直接投資の収益率は相対的に改善する傾向にあったことがわかる。2つの期間ダミーのうち，$DM_{2009-2010}$ の係数値の平均は -0.0545，$DM_{2011-2016}$ の係数値の平均は -0.0378 である。一方，$DM_{2009-2010}$ および $DM_{2009-2010}$ とタックスヘイブン・ダミーとの交差項の係数値の和の平均は -0.0228 であり，$DM_{2011-2016}$ および $DM_{2011-2016}$ とタックスヘイブン・ダミーとの交差項の係数値の和の平均は -0.0172 である。日本の海外直接投資に関しても，リーマンショック以降ではタックスヘイブン向け投資，非タックスヘイブン向け投資を問わず，収益率が低下していたが，タックスヘイブン向け投資のほうが非タックスヘイブン向け投資よりもリーマンショック直後で約3.2パーセント

---

[17] 表6においても他の説明変数の推計結果は省略しているが，固定効果モデルの推計と同様に，製造業比率の係数が正値で有意，法人税率の係数が負値で有意との結果が得られている。また，OLS推計では経済成長率の係数も正値で有意であったが，米国に関して得られた経済成長率の推計値よりも低く，米国の多国籍企業のほうが経済成長率の高い国への投資からより高い収益を獲得していることが窺えた。

ポイント，2011年以降で約2.1パーセントポイント，リーマンショック以前からの収益率の落ち込みが軽減されていたことになる。また，タックスヘイブン・ダミーおよび$DM_{2009-2010}$とタックスヘイブン・ダミーとの交差項の係数値の和（(c) + (e)），タックスヘイブン・ダミーおよび$DM_{2011-2016}$とタックスヘイブン・ダミーとの交差項の係数値の和（(d) + (e)）は負値を示す傾向があり，前者の平均は-0.0215，後者の平均は-0.0106である。ただし，タックスヘイブン・ダミーの係数値の平均は-0.042であることから，非タックスヘイブン向け投資に対するタックスヘイブン向け投資の劣位性は2009年-2010年の期間で2パーセントポイントほど，2011年以降で3パーセントポイントほど縮小していることになり，より近年においてタックスヘイブン向け投資の相対的優位性が高まっている。なお，日系企業によるタックスヘイブン向け投資の収益性が相対的に向上しているのは，マクロ要因等を考慮した上でなお確認された結果であることを強調したい。以上，米国と同様に日本においても，タックスヘイブン国向け直接投資の収益率も低下する傾向にあったが，タックスヘイブン国向け直接投資の収益率が相対的に改善していることから，日本の多国籍企業が租税回避行為を選択肢に加えるようになっている可能性も十分に考えられる[18]。

5. 結語

本研究では日米を対象に直接投資の収益率の決定要因を検証した。全般的に米国の多国籍企業のほうが直接投資においてより高い収益率を獲得していると言えるが，その一因として米国のほうがタックスヘイブン国の活用により積極的であることが挙げられる。米系企業のほうが日系企業よりもタックスヘイブン向け直接投資からより高い収益率を確保しており，その傾向は近

---

[18] 固定効果モデルの推計から得られた主体固有効果係数でも，香港やオランダ，シンガポール，スイスなどのタックスヘイブン国の係数はリーマンショック以前では非常に低い数値を示したが，リーマンショック以降ではこれら4カ国の係数値が大幅に上昇していた。

表6 日本の対外直接投資収益率におけるタックスヘイブンの影響

ソブリンリスク指標	NETEX	GOVD	NETEX	GOVD
$DM_{2009\text{-}2010}$ [a]	−0.0525 ***	−0.0601 ***	−0.0510 ***	−0.0522 ***
	(0.0190)	(0.0188)	(0.0189)	(0.0171)
$DM_{2011\text{-}2016}$ [b]	−0.0373 ***	−0.0392 ***	−0.0370 ***	−0.0361 ***
	(0.0057)	(0.0064)	(0.0056)	(0.0068)
THAVEN+SUBTHAVEN [c-1]	−0.0342 ***	−0.0424 ***		
	(0.0034)	(0.0044)		
THAVEN [c-2]			−0.0566 ***	−0.0505 ***
			(0.0096)	(0.0107)
SUBTHAVEN [c-3]				
$DM_{2009\text{-}2010}$*(THAVEN+SUBTHAVEN) [d-1]	0.0179 ***	0.0469 ***		
	(0.0060)	(0.0083)		
$DM_{2009\text{-}2010}$*THAVEN [d-2]			0.0161 *	0.0227 ***
			(0.0088)	(0.0053)
$DM_{2009\text{-}2010}$*SUBTHAVEN [d-3]				
$DM_{2011\text{-}2016}$*(THAVEN+SUBTHAVEN) [e-1]	0.0134 **	0.0292 ***		
	(0.0053)	(0.0041)		
$DM_{2011\text{-}2016}$*THAVEN [e-2]			0.0070	0.0130
			(0.0068)	(0.0084)
$DM_{2011\text{-}2016}$*SUBTHAVEN [e-3]				
(a) + (d)	−0.0346 **	−0.0132	−0.0348 ***	−0.0295 *
(b) + (e)	−0.0239 ***	−0.0100 *	−0.0300 ***	−0.0231 ***
(c) + (d)	−0.0162 ***	0.0045	−0.0405 ***	−0.0278 ***
(c) + (e)	−0.0208 ***	−0.0132 ***	−0.0496 ***	−0.0375 ***
(a) + (d-2)				
(a) + (d-3)				
(b) + (e-2)				
(b) + (e-3)				
(c-2) + (d-2)				
(c-2) + (e-2)				
(c-3) + (d-3)				
(c-3) + (e-3)				
$adj.R^2$	0.1737	0.1619	0.1843	0.1634

注）各説明変数に関する上段の数値は推計値，下段の数値は標準偏差を表している。***，**，* はそれぞれ有意水準1％，5％，10％で有意であることを示す。OLSによる推計結果であり，標準偏差はクロス・セクションの分散不均一性を修正したホワイトの標準偏差となっている。なお，推計においては，説明変数として法人税率，GDP 成長率，製造業比率，為替変化率，ソブリンリスク指標（対外純資産の対 GDP 比もしくは公的債務の対 GDP 比）も用いている。表中の24行目から35行目までの数値は2つの係数値の和を示しており，***，**，* は係数の和がゼロという制約に関する Wald 検定によりそれぞれ有意水準1％，5％，10％で有意であることを示す。

租税回避行為と対外直接投資の収益性

NETEX	GOVD	NETEX	GOVD
−0.0493 ***	−0.0543 ***	−0.0543 ***	−0.0624 ***
(0.0178)	(0.0175)	(0.0191)	(0.0190)
−0.0354 ***	−0.0339 ***	−0.0402 ***	−0.0433 ***
(0.0051)	(0.0055)	(0.0060)	(0.0069)
		−0.0597 ***	−0.0564 ***
		(0.0098)	(0.0107)
−0.0236 ***	−0.0328 ***	−0.0261 ***	−0.0375 ***
(0.0029)	(0.0036)	(0.0026)	(0.0030)
		0.0191 **	0.0326 ***
		(0.0092)	(0.0066)
0.0197 ***	0.0538 ***	0.0202 ***	0.0589 ***
(0.0019)	(0.0108)	(0.0029)	(0.0116)
		0.0098	0.0196 **
		(0.0071)	(0.0087)
0.0232 ***	0.0375 ***	0.0212 ***	0.0411 ***
(0.0055)	(0.0033)	(0.0062)	(0.0033)
−0.0296 *	−0.0005		
−0.0123 **	0.0036		
−0.0039	0.0210 *		
−0.0005	0.0047		
		−0.0352 ***	−0.0299 *
		−0.0342 **	−0.0036
		−0.0304 ***	−0.0237 ***
		−0.0190 ***	−0.0021
		−0.0406 ***	−0.0239 ***
		−0.0499 ***	−0.0368 ***
		−0.0059 *	0.0213 *
		−0.0049	0.0036
0.1492	0.1411	0.1859	0.1738

年においても変わらない。ただし，2010年以降になると，日本においてもタックスヘイブン向け直接投資の収益率の優位性が示されるようになっており，全般的な直接投資の収益が低迷する中で，日本企業もタックスヘイブン国の活用をより積極的に検討する状況にあることを示した結果と解釈できる。

　米国企業によるタックスヘイブンの利用が広がっている背景には，自国の多国籍企業の競争力を高めるためには海外所得への課税を緩めることが必要であるとの判断から，1990年代以降に規制緩和が進められたことがあると言われている。全世界所得課税方式を取る米国においては，海外で得た収益は国内に送金しない限りはどの国に移転しても非課税となっており，この税制を利用してアップルやナイキといった世界的な大企業も合法的に租税回避行為を行っている。こうした税控除策は自国の多国籍企業の競争力を維持するために不可欠であるとの考え方がある一方，多くの大企業の競争力はこうした税控除に頼らずとも十分に高いためそのような税控除は不要であるとの立場を取る識者も少なくない。

　日本は2009年に外国子会社配当益金不算入制度を導入し，外国子会社の利益の日本国内への資金還流を促進する観点から，一定の条件を満たす外国子会社から受ける配当を益金不算入としている。将来も少子高齢化が進展する蓋然性が高いわが国において，直接投資の収益性の改善やその資金還流は日本のマクロ経済バランスを維持する上で重要な要素と目されているのは事実である。ただし，直接投資の収益性の改善が企業の租税回避行為に大きく依存するものであるならば，それが経済厚生に及ぼす影響は必ずしも良好とは限らない。法人税の税収の落ち込みが消費税増税で補われようとする傾向は先進各国でみられるが，消費税増税が家計貯蓄の減少につながることになれば，直接投資の収益性の改善がもたらす効果を相殺して対外純資産残高は減少することもあり得るからである。

　租税回避行為に対する批判は内外で高まっており，日本政府も2018年秋から税務情報の国際共有の枠組みに参加することが決定している。こうした租税回避行為への批判や規制の強化に備えて，日本企業の中にも第一三共や

コニカミノルタ，KDDI，ニトリHDのように租税回避地などの利用禁止や制限を明記する企業も現れてきている。こうした姿勢は，2012年に大半の税金を払っていなかったことが明るみに出たことをきっかけに米スターバックスが英国で不買運動に見舞われたようなリスクを避ける上で重要であろう[19]。しかし一方で，多国籍企業は他の方法によって直接投資の収益性を改善することを求められることになる。本研究では米系多国籍企業のほうが日系多国籍企業よりも租税回避行為を積極的に利用している可能性が示唆されたが，同時に米国の直接投資の収益性が日本を上回っていたのは租税回避行為による影響だけではないことも示された。たとえば，本研究では米国のほうが成長率の高い国への投資からより高い収益を実現できていることを示唆する結果も得られている。さらに，大野・鈴木（2019）は，様々なマクロ経済上のリスク要因に対するリスクプレミアムの確保を日米の直接投資を対象に検証しているが，両者が負担しているマクロ経済リスクの水準には大差はないものの，リスクに対する超過リターンは米国の直接投資のほうが高いという結果も示されている。直接投資の収益性をさらに改善するには，所定のリスク負担から獲得できる超過リターンの向上が求められるが，それが具体的にどのような施策によって実現可能かを考察するには，マクロレベルではなく企業レベルのデータに基づく分析が必要となり，それは今後の課題としたい。

---

[19] 英国市民によるスターバックス製品の購買ボイコット運動は2012年のロイター社調査の報道を契機に起こったが，税理士法人プライスウォーターハウスクーパース（2013）によれば，スターバックス社英国法人が採用した節税スキームはドイツやフランスなど33カ国の同社法人も採用しており，企業グループ全体の税支払いの削減を行っていた。具体的には，イノベーションボックス税制を有するオランダ法人に米本社の無形資産を移し，各国の同社法人がオランダ法人に6%のライセンス料を支払うとともに，優遇税制を有するスイスのカントン州にあるスイス法人から各国法人が20%のマークアップが設定された価格でコーヒー豆を購入することで，スターバックス社全体の利益を税率の低いオランダとスイスに集約させるスキームとなっている。

参考文献

Bosworth B., S.M. Collins and G. Chodorow-Reich (2007), Returns on FDI: Does the U.S. really do better?, *NBER Working Paper Series*, No. 13313.

Curcuru S.E., T. Dvorak and F.E. Warnock (2010), Decomposing the U.S. external returns differential, *Journal of International Economics*, Vol. 80, pp. 22–32.

Curcuru, S.E., C.P. Thomas and F.E. Warlock (2013), On returns differential, *Journal of International Money and Finance*, Vol. 36, pp. 1–25.

Curcuru, S.E. and C.P. Thomas (2015), The return on U.S. direct investment at home and abroad, C.R. Hulten and M.B. Reinsdorf, eds., *Measuring Wealth and Financial Intermediation and Their Links to the Real Economy*, pp. 205–230.

Gourinchas P.O. and H. Rey (2007), From world banker to world venture capitalist: U.S. external adjustment and the exorbitant privilege, Clarida, Richard ed. *G7 Current Account Imbalances: Sustainability and Adjustment*, University of Chicago Press, May.

Hasegawa, M. and K. Kiyota (2017), The effect of moving to a territorial tax system on profit repatriations: Evidence from Japan, *Journal of Public Economics*, Vol. 153, pp. 92–110.

Iwamoto, T. (2013), Structural changes of global economy based on gross capital flows and international investment positions, Report of Joint International Research Project by Japan, China and Korea, *Impacts that the Structural Transformation of the World Economy Has on the East Asian Region*, The Economic and Social Research Institute (ESRI) of the Cabinet Office, Government of Japan.

Jahnsen, K. and K. Pomerleau (2017), Corporate income tax rates around the world, 2017, Tax Foundation, *Fiscal Fact*, No. 559.

Zucman, G. (2013), The missing wealth of nations: Are Europe and the U.S. net debtors or net creditors?, *The Quarterly Journal of Economics*, Vol. 128 (3), pp. 1321–1364.

足立直也（2017),「法人税率と海外直接投資―国際課税制度比較を通じた分析―」, 財務省財務総合政策研究所, PRI Discussion Paper Series, No. 17A-05.

大野早苗・鈴木唯（2019),「対外直接投資収益率の決定要因：日米の比較」,『フィナンシャル・レビュー』, 第136巻, pp. 36–57.

経済産業省（2015),「わが国の対外収支の変化」, 経済産業省『2015年通商白書』(第1章), pp. 3–26.

志賀櫻（2013)『タックス・ヘイブン―逃げていく税金』, 岩波新書.

税理士法人プライスウォーターハウスクーパース（2013)『平成24年度アジア拠点化立地推進調査等事業調査報告書』経済産業省委託研究.

増田耕太郎（2017),「欧州諸国の対内外直接投資の特徴―事業再編・安全保障・租税回避―」国際貿易投資研究所『季刊 国際貿易と投資』, No. 109, pp. 84–103.

山口和之（2009),「タックス・ヘイブン規制の強化」, 国立国会図書館調査及び立法考査局『レファレンス』11月号.

Summary

Use of Tax Havens and Rates of Return from Foreign Direct Investments: Comparison between U.S. and Japan

Sanae Ohno and Yui Suzuki (Musashi University)

This study, through panel data regression analyses on the determinants of the rates of foreign direct investments (FDIs), explores differences in the FDIs towards tax haven and non-tax haven from the U.S. and Japan. The regression result implies that, while Japanese multinationals have not succeeded in making the most use of tax haven in their FDIs compared with those in the U.S., they should have strong incentive to utilize tax haven considering the recent stagnating rates of return from FDIs since 2010 possibly posed by quantitative ease in the U.S., Europe, and Japan.

会　報

【日本国際経済学会第77回全国大会】

　日本国際経済学会第77回全国大会は，2018年10月13日（土）・14日（日）の2日間にわたって関西学院大学上ヶ原キャンパスにおいて開催されました。韓国国際経済学会 KIEAからの参加者も含めて多くの参加があり，本大会も例年と同様に活発な研究報告や諸種行事が執り行われました。また，共通論題では情報通信技術と国際経済という最新のトピックに関して報告が行われ，さらに昨年度から始まった企画セッションの数も増え，研究報告大会の活性化に繋がっております。具体的なプログラム内容は以下の通りです。なお，報告者の後に（E）がついている場合は英語で報告が行われたことを，また（J）が付いている場合は求職活動の一環として報告が行われたことをそれぞれ表しています。

【大会第1日目】
★午前の部　自由論題（9：30～12：00）

第1分科会　開発経済（会場：C-102教室）

　　　　　　　　　座　長　神戸大学　　松永　宣明

世界経済におけるアフリカ・中国関係—中国の一帯一路構想がアフリカ開発に及ぼす影響—

　　　　　　　　　報告者　明治大学　　佐々木　優（J）
　　　　　　　　　討論者　日本貿易振興機構アジア経済研究所　平野　克己

Loan Groups and Elements of Success in a Microcredit Group-Lending Program: Estimating the Impacts of a Self-Selected Loan Group on the Household Income of Its Members Evidence from India

　　　　　　　　　報告者　共立女子大学　西村　めぐみ
　　　　　　　　　討論者　神戸大学　　村上　善道

インドにおける農業発展と電力

　　　　　　　　　報告者　兵庫県立大学　福味　敦　（E）
　　　　　　　　　討論者　大阪市立大学　久保　彰宏

第2分科会　国際貿易1（会場：C-103教室）

　　　　　　　　　座　長　高崎経済大学　藤井　孝宗

The Role of Domestic Market in Innovated Product Variety Getting Exported: Evidence from Korean Manufacturing

     報告者 Gachon University Hahn, Chin-Hee（E）
     討論者 日本貿易振興機構アジア経済研究所 早川　和伸

Complementarity between Firm Exporting and Firm Importing on Industry Productivity and Welfare

     報告者 福 島 大 学 荒　　知宏（E）
     討論者 東 北 大 学 曽　　道智

Endogenous Productivity Growth, Industry Location Patterns, and Labor Market Frictions

     報告者 同 志 社 大 学 デービス　コーリン　（E）
     討論者 大 阪 大 学 祝迫　達郎

第3分科会　直接投資・多国籍企業（会場：C-202教室）

     座　長 名古屋市立大学 川端　康

Reaction Functions under Quantity Competition in International Mixed Triopolies

     報告者 大阪大学大学院修了 大西　一弘
     討論者 専 修 大 学 小川　健

グローバル資金管理と直接投資

     報告者 駒 澤 大 学 小西　宏美
     討論者 北九州市立大学 前田　淳

第4分科会　アジア経済1（会場：C-203教室）

     座　長 高崎経済大学 矢野　修一

バングラデシュ縫製産業の構造と特徴―地場大規模工場と繊維産業の発展―

     報告者 東 洋 大 学 深澤　光樹（J）
     討論者 日本貿易振興機構アジア経済研究所 山形　辰史

中国農業機械産業における市場競争と日系企業の戦略動向

     報告者 岐阜経済大学 韓　　金江
     討論者 立 命 館 大 学 田中　祐二

新興国におけるPPPインフラ整備の課題：フィリピン・ドゥテルテノミクスを事例として

     報告者 中 央 大 学 伊藤　晋（E）
     討論者 日本総合研究所 清水　聡

第5分科会　国際金融・国際マクロ（会場：C-204教室）

座　長　京都大学　　岩本　武和

Effects of Monetary Policy Shocks on Exchange Rate in Emerging Countries

報告者　Seoul National University　Soyoung Kim（E）
討論者　中央大学　　吉見　太洋

銀行の資本構成と自己資本比率規制

報告者　京都大学大学院　岡原　直人
推薦者　京都大学　　佐々木啓明
討論者　関西学院大学　山上　秀文

Export Dynamics and Invoicing Currency

報告者　中央大学　　吉見　太洋（E）
討論者　滋賀大学　　吉田　裕司

第6分科会　国際政治経済（会場：C-205教室）

座　長　九州大学　　石田　修

The US-China Trade War and Implications for East Asia

報告者　Ewha Womans University　Choi, Byung-il（E）
討論者　九州大学　　石田　修

Analysis Based on Business Process Regarding to the Financial Aspect of International Trade

報告者　明治大学　　ヌルメメット 依克山（E）
推薦者　明治大学　　鈴木　利大
討論者　慶應義塾大学　加藤　隼人

EUにおける金融規制・監督制度の発展と金融機関の経営戦略

報告者　立教大学　　石田　周
討論者　関西大学　　高屋　定美

昼食　　　12：00 ～ 13：00
理事会　　12：00 ～ 13：00（会場：B-102教室）
会員総会　13：00 ～ 13：30（会場：B-101教室）
学会賞授与式・受賞者記念講演　13：30～14：30　（会場：B-101教室）
第12回小島清賞研究奨励賞・受賞記念講演
「企業の異質性と国の非対称性の下での貿易と成長の理論」

早稲田大学　　内藤　巧

★午後の部　共通論題（14：40〜18：10）
共通論題　第4次産業革命の衝撃—ICTの発展と国際経済—（会場：B-101教室）

　　　　　　　　　　　　　　座　長　一　橋　大　学　　　石　川　城　太
　　　　　　　　　　　　　　　　　　阪　南　大　学　　　伊　田　昌　弘

Connected Industries に基づく政策展開—国際競争力の強化に向けて—
　　　　　　　　　　　　　　報告者　経済産業省商務情報　和　泉　憲　明
　　　　　　　　　　　　　　　　　　政策局情報産業課
　　　　　　　　　　　　　　討論者　一　橋　大　学　　　冨　浦　英　一

グローバル・バリューチェーンの統治構造に対する技術革新の影響
　　　　　　　　　　　　　　報告者　日本貿易振興機構　　猪　俣　哲　史
　　　　　　　　　　　　　　　　　　アジア経済研究所
　　　　　　　　　　　　　　討論者　中　央　大　学　　　伊　藤　恵　子

ICTの発展とオフショアリング
　　　　　　　　　　　　　　報告者　大阪市立大学　　　　高　橋　信　弘
　　　　　　　　　　　　　　討論者　立　教　大　学　　　櫻　井　公　人

★懇親会　18：30〜20：00（会場：関西学院会館　2階　レセプションホール）

【大会第2日目】
★午前の部　自由論題／企画セッション（9：30〜12：00）
第7分科会　経済統合・貿易自由化（会場：C-102教室）
　　　　　　　　　　　　　　座　長　慶應義塾大学　　　　大　東　一　郎

Trade Liberalization, Firm Heterogeneity, and the Optimal Emission Taxes
　　　　　　　　　　　　　　報告者　関東学院大学　　　　吟　谷　泰　裕
　　　　　　　　　　　　　　討論者　上　智　大　学　　　蓬　田　守　弘

Does Deep Economic Integration Facilitate International Research Collaboration?
　　　　　　　　　　　　　　報告者　京　都　大　学　　　神　事　直　人
　　　　　　　　　　　　　　討論者　青山学院大学　　　　伊　藤　萬　里

第8分科会　貿易実証（会場：C-103教室）
　　　　　　　　　　　　　　座　長　中　央　大　学　　　伊　藤　恵　子

Does Yuan Appreciation Weaken the Increase in Exporters due to Trade Liberalization? Evidence from Chinese Firm-Product Data
　　　　　　　　　　　　　　報告者　筑 波 大 学・　　　　黒　川　義　教
　　　　　　　　　　　　　　　　　　小田賞受賞者
　　　　　　　　　　　　　　討論者　新潟県立大学　　　　鎌　田　伊佐生

Globalization and Income Inequality in Latin America: A Review of Theoretical Developments and Recent Evidence

    報告者 神 戸 大 学 村上 善道
    討論者 京都産業大学 大川 良文

Markups, City Size, and Exports: Evidence from Japan

    報告者 独立行政法人
        経済産業研究所 近藤 恵介
    討論者 慶應義塾大学 松浦 寿幸

第9分科会　【企画セッション】グローバル化と地域経済（会場：C-202教室）

    座　長 岡山理科大学 松村 博行

日本酒蔵元の集積と海外展開─飛騨・信州の事例から─

    報告者 近 畿 大 学 井出 文紀
    討論者 神戸市外国語大学 千葉 典

地域経済からみた財・サービス貿易と地域内経済循環の可能性

    報告者 宮 崎 大 学 小山 大介（J）
    討論者 高知短期大学 細居 俊明

地域経済と物流問題─山陰地方を事例に─

    報告者 島 根 大 学 渡邉 英俊
    討論者 高 知 大 学 岩佐 和幸

第10分科会　アジア経済2（会場：C-203教室）

    座　長 国士舘大学 平川 均

アジア通貨に関する為替リスク管理

    報告者 亜 細 亜 大 学 赤羽 裕
    討論者 立 命 館 大 学 西村 陽造

タイにおけるミャンマー人移民労働者の言語能力と賃金の関係についての実証分析

    報告者 日本貿易振興機構
        アジア経済研究所 久保 公二
    討論者 関西学院大学 宝剣 久俊

Sustainability of Public Debt in Vietnam

    報告者 立命館大学大学院 Thao Thi Phuong PHAM（E）
    推薦者 立 命 館 大 学 大田 英明
    討論者 獨 協 大 学 木原 隆司

第11分科会　【企画セッション】ユーロ危機後の欧州金融市場と欧州金融同盟（会場：C-204教室）

　　　　　　　　　　　　　　　座　長　関西大学　　　高屋　定美

Brexit 後の欧州金融市場の行方

　　　　　　　　　　　　　　　報告者　みずほ総合研究所　吉田健一郎
　　　　　　　　　　　　　　　討論者　関　西　大　学　高屋　定美

欧州銀行同盟に関する考察―制度構築と残っている課題―

　　　　　　　　　　　　　　　報告者　神　戸　大　学　花田　エバ
　　　　　　　　　　　　　　　討論者　駒　澤　大　学　田中　綾一

EU の金融同盟が迫る銀行業態の改革

　　　　　　　　　　　　　　　報告者　東　洋　大　学　川野　祐司
　　　　　　　　　　　　　　　討論者　立　命　館　大　学　星野　郁

第12分科会　【企画セッション】　エネルギー分野のパラダイム変換―化石燃料エネルギーと再生可能エネルギーの将来バランスと世界への波及―（会場：C-205 教室）

　　　　　　　　　　　　　　　座　長　東京国際大学　　武石　礼司

エネルギー供給シナリオ分析とその評価

　　　　　　　　　　　　　　　報告者　東京国際大学　　武石　礼司
　　　　　　　　　　　　　　　討論者　千　葉　大　学　妹尾　裕彦

中国のエネルギー戦略

　　　　　　　　　　　　　　　報告者　帝　京　大　学　郭　　四志
　　　　　　　　　　　　　　　討論者　立　教　大　学　蓮見　雄

中東産油国における石油政策と政策評価

　　　　　　　　　　　　　　　報告者　釧路公立大学　　上山　一
　　　　　　　　　　　　　　　討論者　國　學　院　大　學　細井　長

昼食　　　12：00〜13：00
理事会　　12：00〜13：00（会場：B-102 教室）
会員総会　13：10〜13：40（会場：B-101 教室）

★午後の部　自由論題（13：50 〜 16：20）

第13分科会　環境・資源エネルギー（会場：C-102 教室）

　　　　　　　　　　　　　　　座　長　南　山　大　学　寶多　康弘

Effects of Emission Standards: Evidence from Indian Manufacturing Sector

　　　　　　　　　　　　　　　報告者　愛知学院大学　　古田　学　（E）
　　　　　　　　　　　　　　　討論者　日本貿易振興機構アジア経済研究所　早川　和伸

グローバルバリューチェーンにおける環境政策
報告者　慶應義塾大学　　加藤　隼人（E）
討論者　青山学院大学　　小橋　文子

第14分科会　国際貿易2（会場：C-103教室）
座　長　名古屋大学　　柳瀬　明彦

Heterogeneous Impact of Import Competition on Firm Organization: Evidence from Japanese firm-establishment matched data set
報告者　慶應義塾大学・小田賞受賞者　松浦　寿幸
討論者　学習院大学　　伊藤　匡

Is Competition in Transport Sector Bad?
報告者　関西大学　　高内　一宏
討論者　学習院大学　　岡村　誠

南北貿易と不均等発展：古典派成長モデルを用いた分析
報告者　京都大学　　佐々木啓明
討論者　神奈川大学　　鳴瀬　成洋

第15分科会　国際貿易3（会場：C-202教室）
座　長　日本貿易振興機構アジア経済研究所　猪俣　哲史

付加価値貿易と比較優位の決定要因について
報告者　多摩大学　　下井　直毅
討論者　名古屋大学　　藤川　清史

世界経済の構造―フォン・ノイマン型価格体系と物量体系の双対性より―
報告者　立命館大学　　板木　雅彦
討論者　東北大学　　佐藤　秀夫

Patent Laws and Innovation in the Global Firm
報告者　University of Wisconsin-Madison大学院・小島清賞優秀論文賞受賞者　坂本　陽子
討論者　京都大学　　神事　直人

第16分科会　欧米経済（会場：C-203教室）
座　長　西南学院大学　　尾上　修悟

ECBの政策正常化とユーロ圏財政リスクシェアリング
報告者　静岡県立大学大学院修了　鈴木　弘隆
討論者　東洋大学　　川野　祐司

Discussions for Policies after Brexit in the UK in the area of agriculture, food and related trade, and analyses of impacts on productivity and business structure

　　　　　　　　　　報告者　農林水産政策研究所　　桑原田智之
　　　　　　　　　　討論者　小樽商科大学　　　　　柴山　千里

【日本国際経済学会第 9 回春季大会】

　日本国際経済学会第 9 回春季大会は，2019 年 6 月 15 日（土）高知県立大学（高知短期大学）において開催されました。今回は，春季大会で初めて韓国国際経済学会 KIEA からの参加者による報告もあり，活発な研究発表や研究交流が行われました。以下は，そのプログラムの内容です。なお，報告者の後に（E）がついている場合は英語で報告が行われたことを，また（J）が付いている場合は求職活動の一環として報告が行われたことをそれぞれ表しています。

【午前の部】（10：30 〜 13：00）

分科会 A　グローバル経済 I（会場：A106）

　　　　　　　　　　座　長　中　央　大　学　　伊藤　恵子

A-1　GVC 分析の系譜学

　　　　　　　　　　報告者　立命館大学大学院　　田村　哲也
　　　　　　　　　　推薦者　立 命 館 大 学　　　大野　　敦
　　　　　　　　　　討論者　九 　州 　大 　学　　石田　　修

A-2　Diversity and Offshoring

　　　　　　　　　　報告者　流通科学大学　　　　竹内　信行
　　　　　　　　　　討論者　一 　橋 　大 　学　　石川　城太

A-3　China's Export Registration in the Automobile Industry: Effects on Manufacturer-Intermediary Match Efficiency

　　　　　　　　　　報告者　Asian Growth Research Institute　Sun Xiaonan（E）
　　　　　　　　　　討論者　学 習 院 大 学　　　乾　　友彦

分科会 B　Empirical Analysis of Trade I（会場：A109）

　　　　　　　　　　座　長　神 戸 大 学　　　　趙　　来勲

B-1　Trade Effects on Job Changes through Job Creation and Destruction Responses

　　　　　　　　　　報告者　慶應義塾大学　　　　遠藤　正寛（E）

討論者　アイダホ大学　　　笹原　　彰

B-2　Estimating the Impact of Cumulative Rules of Origin on Trade Costs: An Application to Mega-regional FTAs in the Asia-Pacific Region

報告者　Korea Institute for International Economic Policy　Chung Chul（E）

討論者　慶應義塾大学　　　安藤　光代

B-3　Workforce Aging and Industry-level Productivity

報告者　Sogang University　Song E. Young（E）

討論者　神　戸　大　学　　　北野　重人

分科会C　インド経済（会場：A110）

座　長　兵庫県立大学　　　西山博幸

C-1　インドにおけるスズキの競争力：製品特性分析による企業戦略と競争力の探索

報告者　神　戸　大　学　　　佐藤　隆広

討論者　兵庫県立大学　　　福味　　敦

C-2　Determinants of Success in the Automobile Industry in India: An Analysis of Foreign and Local Enterprise Data for 2000-2008

報告者　愛知学院大学　　　古田　　学

討論者　大阪成蹊大学　　　藤森　　梓

C-3　工業化・サービス化と経済成長

報告者　京　都　大　学　　　胡　　洪濱（J）

討論者　神　戸　大　学　　　佐藤　隆広

分科会D　グローバル経済Ⅱ（会場：A210）

座　長　立命館大学　　　板木　雅彦

D-1　多国籍企業の経営管理の変化：移転価格管理から知的財産管理へ

報告者　龍　谷　大　学　　　林　　尚毅

討論者　立命館大学　　　中川　涼司

D-2　トヨタのグローバル適応と労働～タイSTMにおけるTPSの形式知化～

報告者　鹿児島県立短期大学　野村　俊郎

討論者　明　治　大　学　　　小林　尚朗

D-3　国際技術連携と海外拠点

報告者　武　蔵　大　学　　　鈴木　真也

討論者　中　央　大　学　　　小森谷徳純

昼　食　　　　　　　　　　　　　　13 時 05 分～ 14 時 05 分
理事会（会場：A107）　　　　　　 13 時 05 分～ 14 時 05 分
「会員情報システム」説明会（会場：A105）　14 時 10 分～ 14 時 25 分

【午後の部】（14：30 ～ 17：00）
分科会 E　環境・自由貿易論（会場：A106）
　　　　　　　　　　　　　　　　座　長　奈良県立大学　　斉藤　宗之
　E-1　リチャード・コブデンと自由貿易　平和の追求　そして教育
　　　　　　　　　　　　　　　　報告者　四国大学短期大学部　蔵谷　哲也
　　　　　　　　　　　　　　　　討論者　神奈川大学　　　鳴瀬　成洋
　E-2　Analysis of Environmental Inequality Influencing Factors in China Based on STIRPAT Model
　　　　　　　　　　　　　　　　報告者　佐賀大学大学院　戴　　娟娟
　　　　　　　　　　　　　　　　推薦者　佐 賀 大 学　　張　　韓模
　　　　　　　　　　　　　　　　討論者　関西学院大学　　東田　啓作
　E-3　Importing Inputs for Climate Change Mitigation: The Case of Agricultural Productivity
　　　　　　　　　　　　　　　　報告者　アイダホ大学　　笹原　　彰
　　　　　　　　　　　　　　　　討論者　慶應義塾大学　　遠藤　正寛
分科会 F　Empirical Analysis of Trade II（会場：A107）
　　　　　　　　　　　　　　　　座　長　一 橋 大 学　　冨浦　英一
　F-1　The Gravity Model and Trade in Intermediate Inputs
　　　　　　　　　　　　　　　　報告者　慶應義塾大学　　清田　耕造
　　　　　　　　　　　　　　　　討論者　日本貿易振興機構アジア経済研究所　早川　和伸
　F-2　Intermediate Goods-Skill Complementarity
　　　　　　　　　　　　　　　　報告者　筑 波 大 学　　黒川　義教
　　　　　　　　　　　　　　　　討論者　一 橋 大 学　　冨浦　英一
　F-3　Tariff Pass-Through in Wholesaling: Evidence from Firm-Level Data in Japan
　　　　　　　　　　　　　　　　報告者　日本貿易振興機構アジア経済研究所　早川　和伸
　　　　　　　　　　　　　　　　討論者　慶應義塾大学　　清田　耕造
分科会 G　Empirical Analysis of Trade III（会場：A109）
　　　　　　　　　　　　　　　　座　長　慶應義塾大学　　木村　福成

G-1　Do Labor Clauses in Regional Trade Agreements Reduce the Trade Creation Effect?
　　　　　　　　報告者　京 都 大 学　　神事　直人（E）
　　　　　　　　討論者　慶應義塾大学　　松浦　寿幸
G-2　FDI and Labor Market Dynamics in a Developing Country: Evidence from Indonesian Plan-Level Data
　　　　　　　　報告者　慶應義塾大学　　松浦　寿幸（E）
　　　　　　　　討論者　法 政 大 学　　倪　　　彬
G-3　Consistent Estimation of Peer Effects: Application to Korean Panel Data
　　　　　　　　報告者　Ewha Womans University　Park Minjung（E）
　　　　　　　　討論者　京 都 大 学　　神事　直人

分科会 H　貿易理論（会場：A110）
　　　　　　　　座 長　名古屋大学　　柳瀬　明彦
H-1　Productivity Improvements and Falling Trade Costs Revisited
　　　　　　　　報告者　関 西 大 学　　中元　康裕
　　　　　　　　討論者　立命館大学　　市野　泰和
H-2　Unemployment in a Balassa-Samuelson Model with Heterogeneous Job Separations
　　　　　　　　報告者　中 央 大 学　　吉見　太洋
　　　　　　　　討論者　中 央 大 学　　中村　周史
H-3　Timing of Market Openings and Income Distribution
　　　　　　　　報告者　神戸大学大学院　浅海　達也
　　　　　　　　推薦者　神 戸 大 学　　胡　　云芳
　　　　　　　　討論者　東京工業大学　　大土井涼二

分科会 I　途上国農業・国際金融（会場：A210）
　　　　　　　　座 長　大 阪 大 学　　福重　元嗣
I-1　農業開発，アグリビジネスと早熟なグローバリゼーション
　　　―ASEANのパーム油商品連鎖を事例に―
　　　　　　　　報告者　高 知 大 学　　岩佐　和幸
　　　　　　　　討論者　同志社大学　　林田　秀樹
I-2　21世紀の世界農産物貿易と開発途上国
　　　　　　　　報告者　神戸市外国語大学　千葉　　典
　　　　　　　　討論者　千 葉 大 学　　妹尾　裕彦

I-3　グロスでみた国際資本移動の波と通貨危機の発生
報告者　神奈川大学　　奥山　聡子
討論者　京都大学　　　岩本　武和

懇親会　17 時 20 分～18 時 50 分
会場「大学生協食堂」(永国寺キャンパス西側)

会　報

【会員総会の議決と決定】
会員総会（第77回全国大会第1日）
　日本国際経済学会第77回全国大会第1日の会員総会は，2018年10月13日（土）13時～13時30分，関西学院大学・上ヶ原キャンパスB号館B-101教室において，当日開催された理事会の提案議事に従い，中西訓嗣会長（神戸大学）を議長として開催され，以下の議題を討議・承認・発表しました。
 1. 平成29（2017）年度事業報告について
　　標記について，中西訓嗣会長（神戸大学）より，以下の諸点に関する報告が行われた。
　（1）第7回春季大会開催（2017年6月10日　松山大学）
　（2）第76回全国大会開催（2017年10月21～22日　日本大学）
　（3）機関誌『国際経済（日本国際経済学会研究年報）』第68巻発行
　（4）機関誌『The International Economy』Vol.20発行
　（5）第12回小島清賞各賞及び第7回特定領域研究奨励賞（小田賞）の授賞
　（6）韓国国際経済学会への研究者派遣
 2. 平成29（2017）年度一般会計決算（案）について
　　標記について，市野泰和常任幹事（甲南大学）より説明が行われ，審議の結果これを承認した。【「日本国際経済学会ニュース」2018年9月13日，3ページ参照】
 3. 平成29（2017）年度特別事業活動基金決算（案）について
　　標記について，市野泰和常任幹事（甲南大学）より説明が行われ，審議の結果これを承認した。【「日本国際経済学会ニュース」2018年9月13日，4ページ参照】
 4. 平成29（2017）年度小島清基金決算（案）について
　　標記について，市野泰和常任幹事（甲南大学）より説明が行われ，審議の結果これを承認した。【「日本国際経済学会ニュース」2018年9月13日，4ページ参照】
 5. 平成30（2018）年度事業案について
　　標記について，中西訓嗣会長（神戸大学）より，以下の諸点に関する報告が行われ，審議の結果これを承認した。
　（1）第8回春季大会開催（2018年6月16日　北海道大学）
　（2）第77回全国大会開催（2018年10月13～14日　関西学院大学）
　（3）機関誌『国際経済（日本国際経済学会研究年報）』第69巻発行予定
　（4）機関誌『The International Economy』Vol.21発行予定
 6. 平成30（2018）年度一般会計予算（案）について
　　標記について市野泰和常任幹事（甲南大学）より説明が行われ，審議の結果これを

承認した。【「日本国際経済学会ニュース」2018年9月13日，5ページ参照】
7. 平成30（2018）年度特別事業活動基金予算（案）について
標記について市野泰和常任幹事（甲南大学）より説明が行われ，審議の結果これを承認した。【「日本国際経済学会ニュース」2018年9月13日，6ページ参照】
8. 平成30（2018）年度小島清基金予算（案）について
標記について市野泰和常任幹事（甲南大学）より説明が行われ，審議の結果これを承認した。【「日本国際経済学会ニュース」2018年9月13日，6ページ参照】
9. 新入会員の発表について
標記について，中西訓嗣会長（神戸大学）より，10月13日（土）に開催された理事会において4名の新入会員の入会と1名の再入会が承認されたことが報告された。

【当日配布資料】
10. 第13回日本国際経済学会小島清賞研究奨励賞・優秀論文賞の受賞者の発表について
標記について，中西訓嗣会長（神戸大学）より，研究奨励賞は内藤巧氏（早稲田大学政治経済学術院），優秀論文賞は坂本陽子氏（ウィスコンシン大学マディソン校大学院経済学研究科博士課程）にそれぞれ授与することが日本国際経済学会小島清基金運営委員会において決定された旨の報告が行われた。
11. 第8回日本国際経済学会特定領域研究奨励賞（小田賞）の受賞者の発表について
標記について，中西訓嗣会長（神戸大学）よりより，松浦寿幸氏（慶應義塾大学産業研究所）および黒川義教氏（筑波大学人文社会系）の両名に授与することが日本国際経済学会特定領域研究奨励賞（小田賞）審査委員会において決定された旨の報告が行われた。
12. 平成30（2018）年度韓国国際経済学会への研究者派遣について
標記について，中西訓嗣会長（神戸大学）より，黒川義教氏（筑波大学），黒田知宏氏（名古屋学院大学），斎藤宗之氏（奈良県立大学）の3名を派遣することが報告された。
13. その他
中西訓嗣会長（神戸大学）より，第77回（2018年度）全国大会開催機関の広瀬憲三準備委員長（関西学院大学）および準備委員会メンバーに対して謝辞が述べられた。

会員総会（第77回全国大会第2日）

日本国際経済学会第75回全国大会第2日の会員総会は，2018年10月14日（日）13時〜13時30分，関西学院大学・上ヶ原キャンパスB号館B-101教室において，当日開

催された理事会の提案議事に従い，古沢泰治副会長（東京大学）を議長として開催され，以下の議題を討議・承認・発表しました．
1. 新会長の発表について

    中西訓嗣前会長（神戸大学）より，古沢泰治副会長（東京大学）が新会長として選任されたとの発表が行われた．
2. 新副会長の発表について

    古沢泰治会長（東京大学）より，理事会において中本悟理事（立命館大学）が新副会長として選任されたとの発表が行われた．
3. 特命理事の発表について

    古沢泰治会長（東京大学）より，柴山千里氏（小樽商科大学），趙来勲氏（神戸大学），細居俊明氏（高知短期大学），平野克己氏（日本貿易振興機構アジア経済研究所）の4氏を特命理事に指名するとの発表が行われた．
4. 新常任理事の発表について

    古沢泰治会長（東京大学）より，板木雅彦理事（立命館大学），遠藤正寛理事（慶應義塾大学），大川良文理事（京都産業大学），近藤健児理事（中京大学），櫻井公人理事（立教大学），神事直人理事（京都大学），冨浦英一理事（一橋大学），東田啓作理事（関西学院大学），椋寛理事（学習院大学），蓬田守弘理事（上智大学）の10氏を常任理事に委嘱した旨の発表が行われた．
5. 新監事の発表について

    古沢泰治会長（東京大学）より，小川英治氏（一橋大学），太田代（唐澤）幸雄氏（南山大学），柴田孝氏（大阪商業大学）の3氏を監事とすることが提案され，異議なく承認された．
6. 新幹事の発表について

    古沢泰治会長（東京大学）より，新幹事の委嘱は，各支部からの新体制移行に応じた推薦に基づいて委嘱を行い，後日「日本国際経済学会ニュース」において公表するとの発表が行われた．
7. 新本部事務局総務の発表について

    古沢泰治会長（東京大学）より，椋寛理事（学習院大学）研究室を新本部事務局とするとの発表が行われた．
8. 新本部業務の役割分担について

    古沢泰治会長（東京大学）より，常任理事・理事および幹事等の職務分担については後日委嘱・決定することとし，「日本国際経済学会ニュース」を通じて発表すると

の説明が行われた。

9. 第9回秋季大会（2019年）の開催機関について（総会決定事項）

古沢泰治会長（東京大学）より，高知県立大学を開催機関として2019年6月15日（土）に開催すること，および細居俊明氏（高知短期大学）を春季大会準備委員会委員長とすることが発表され，異議なく承認された。また，プログラム委員会メンバーは後日決定し，「日本国際経済学会ニュース」にて発表するとの説明が行われた。

10. 第78回全国大会（2019年）の開催機関について

古沢泰治会長（東京大学）より，2019年9月28日（土）・29日（日）（予定）に2019年9月28日（土）・29日（日）（予定）に日本貿易振興機構アジア経済研究所を開催機関として開催すること，平野克己特命理事（日本大学）を準備委員長として日本大学を開催機関とするとの説明が行われ，異議なく承認された。

11. 第78回全国大会「プログラム委員会」の委員長について

古沢泰治会長（東京大学）より，冨浦英一常任理事（一橋大学）をプログラム委員会委員長に委嘱することが提案され，異議なく承認された。また，猪俣哲史氏（日本貿易振興機構アジア経済研究所），北野重人理事（神戸大学），櫻井公人常任理事（立教大学），佐野聖香理事（東洋大学），福重元嗣理事（大阪大学），古川純子理事（聖心女子大学），柳瀬明彦理事（名古屋大学）の7名をプログラム委員とすることが提案され，異議なく承認された。

12. 日本国際経済学会小島清基金運営委員会の委員長および委員について

古沢泰治会長（東京大学）より，小島清基金運営委員会の委員長に中西訓嗣顧問（神戸大学）を充てることが発表された。また青木浩治氏（甲南大学），阿部顕三顧問（大阪大学），板木雅彦常任理事（立命館大学），近藤健児常任理事（中京大学），戸堂康之理事（早稲田大学），冨浦英一常任理事（一橋大学）の6氏を同委員会の委員に任命すること，ならびに青木浩治氏(甲南大学)に事務局長を委嘱することが発表され，異議なく了承された。

13. 日本国際経済学会特定領域研究奨励賞（小田賞）審査委員会の委員長および委員について

古沢泰治会長（東京大学）より，規定により古沢泰治会長（東京大学）が特定領域研究奨励賞（小田賞）審査委員会の委員長となることが発表された。残りの3名の委員に関しては後日決定し，「日本国際経済学会ニュース」を通じて発表するとの説明が行われた。

会　報

14. 顧問の就任依頼について

　　古沢泰治会長（東京大学）より，中西訓嗣前会長（神戸大学）を日本国際経済学会顧問に推挙することが理事会において決定されたとの報告が行われた。

【役員名簿（2018 年 10 月～ 2020 年 10 月）】

会長（定員 1 名）
　　古沢　泰治（東京大学）

副会長（定員 1 名）
　　中本　　悟（立命館大学）

常任理事（定員 10 名）
　　板木　雅彦（立命館大学）　　　　遠藤　正寛（慶應義塾大学）
　　大川　良文（京都産業大学）　　　近藤　健児（中京大学）
　　櫻井　公人（立教大学）　　　　　神事　直人（京都大学）
　　冨浦　英一（一橋大学）　　　　　東田　啓作（関西学院大学）
　　椋　　　寛（学習院大学）　　　　蓬田　守弘（上智大学）

理事（定員 24 名）
　　伊澤　俊泰（名古屋学院大学）　　石田　　修（九州大学）
　　市野　泰和（立命館大学）　　　　井出　文紀（近畿大学）
　　伊藤　恵子（中央大学）　　　　　伊藤　萬里（青山学院大学）
　　北野　重人（神戸大学）　　　　　清田　耕造（慶應義塾大学）
　　小林　尚朗（明治大学）　　　　　小森谷徳純（中央大学）
　　齋藤　哲哉（日本大学）　　　　　佐野　聖香（立命館大学）
　　妹尾　裕彦（千葉大学）　　　　　髙橋　信弘（大阪市立大学）
　　竹野　忠弘（名古屋工業大学）　　田中　綾一（駒澤大学）
　　戸堂　康之（早稲田大学）　　　　鳴瀬　成洋（神奈川大学）
　　西山　博幸（兵庫県立大学）　　　蓮見　　雄（立教大学）
　　福重　元嗣（大阪大学）　　　　　古川　純子（聖心女子大学）
　　増田　正人（法政大学）　　　　　柳瀬　明彦（名古屋大学）

特命理事
　柴山　千里（小樽商科大学）　　　趙　　来勲（神戸大学）
　平野　克己（アジア経済研究所）　細居　俊明（高知短期大学）
　細矢　浩志（弘前大学）

監事（若干名）
　太田代（唐澤）幸雄（南山大学）　小川　英治（一橋大学）
　柴田　　孝（大阪商業大学）

幹事（定員約20名）
【関東支部】
　井尻　直彦（日本大学）　　　　　乾　　友彦（学習院大学）
　川野　祐司（東洋大学）　　　　　佐藤　仁志（アジア経済研究所）
　黒川　義教（筑波大学）　　　　　松浦　寿幸（慶應義塾大学）
　溝口　佳宏（帝京大学）※
　※常任幹事

【中部支部】
　川端　　康（名古屋市立大学）　　寶多　康弘（南山大学）
　柳原　光芳（名古屋大学）

【関西支部】
　井上　　博（阪南大学）　　　　　斉藤　宗之（奈良県立大学）
　新宅　公志（広島修道大学）　　　広瀬　憲三（関西学院大学）
　福井　太郎（近畿大学）　　　　　立石　　剛（西南学院大学）
　松永　　達（福岡大学）　　　　　丸山佐和子（近畿大学）

顧問（就任順）
　渡辺福太郎（学習院大学名誉教授）　本山　美彦（国際経済労働研究所理事長・所長）
　井川　一宏（神戸大学名誉教授）　　関下　　稔（立命館大学名誉教授）
　田中　素香（中央大学）　　　　　　阿部　顕三（中央大学）
　木村　福成（慶應義塾大学）　　　　岩本　武和（京都大学）
　石川　城太（一橋大学）　　　　　　中西　訓嗣（神戸大学）

会　報

出版委員会
　　委員長　　　神事　直人（京都大学）
　　副委員長　　蓬田　守弘（上智大学）
　　委員　　　　板木　雅彦（立命館大学）　　　伊藤　恵子（中央大学）
　　　　　　　　北野　重人（神戸大学）　　　　清田　耕造（慶應義塾大学）
　　　　　　　　田中　綾一（駒澤大学）　　　　西山　博幸（兵庫県立大学）
　　　　　　　　蓮見　雄　（立教大学）　　　　濱田　弘潤（新潟大学）
　　　　　　　　柳瀬　明彦（名古屋大学）　　　山本　和博（大阪大学）

小島清基金運営委員会
　　委員長　　　中西　訓嗣（神戸大学）
　　委員　　　　青木　浩治（甲南大学）＜事務局長＞
　　　　　　　　阿部　顕三（中央大学）　　　　板木　雅彦（立命館大学）
　　　　　　　　近藤　健児（中京大学）　　　　戸堂　康之（早稲田大学）
　　　　　　　　冨浦　英一（一橋大学）

特定領域研究奨励賞（小田賞）審査委員会
　　委員長　　　古沢　泰治（東京大学）
　　委員　　　　清田　耕造（慶應義塾大学）　　内藤　巧　（早稲田大学）
　　　　　　　　東田　啓作（関西学院大学）

その他日本国際経済学会関係者
　　日本経済学会連合評議員
　　　　　　　　乾　　友彦（学習院大学）　　　戸堂　康之（早稲田大学）

【役員の業務分担】（◎印は責任者）
　　　　　　　　　　　　　　【関東支部】　　　【中部支部】　　　【関西支部】
本部関係
〈総務担当〉
　　常任理事　　　◎椋　　寛　　　　　近藤　健児　　　　神事　直人
　　　　　　　　　冨浦　英一
　　幹事　　　　　　　　　　　　　　　　　　　　　　　　井上　博

ニュース
   常任理事							◎大川　良文
   理事			伊藤　萬里		柳瀬　明彦		井出　文紀
				佐野　聖香
   幹事					川端　康		松永　達
HP
   常任理事		◎櫻井　公人				大川　良文
   理事			小森谷徳純		竹野　忠弘		福重　元嗣
				小林　尚朗
   幹事							立石　剛
会員名簿
   常任理事					◎近藤　健児
   理事			妹尾　裕彦		伊澤　俊泰		石田　修
				古川　純子					西山　博幸
				増田　正人
   幹事					柳原　光芳		新宅　公志
〈財務担当〉
   常任理事		◎遠藤　正寛				板木　雅彦
   理事					竹野　忠弘		市野　泰和
   幹事			溝口　佳宏
				（常任幹事）
〈編集・出版担当〉
   常任理事		蓬田　守弘				◎神事　直人
								板木　雅彦
   理事			伊藤　恵子		柳瀬　明彦		北野　重人
				清田　耕造					西山　博幸
				田中　綾一
				蓮見　雄
   幹事			黒川　義教				丸山　佐和子
〈企画・渉外担当〉
   常任理事							◎東田　啓作
   理事			伊藤　恵子		柳瀬　明彦		市野　泰和

会報

	齋藤　哲哉		高橋　信弘
	戸堂　康之		
	鳴瀬　成洋		趙　　来勲
特命理事	柴山　千里		細居　俊明
	平野　克己		
	細矢　浩志		
幹事	乾　　友彦		斉藤　宗之
	川野　祐司		
〈監査〉	佐藤　仁志		
監事	◎小川　英治	太田代（唐澤）幸雄	柴田　孝

支部関係

常任理事	冨浦　英一	近藤　健児	神事　直人
理事			石田　修
幹事	井尻　直彦	寶多　康弘	井上　博
			福井　太郎
	松浦　寿幸		広瀬　憲三

《各支部の活動報告》

　本年度も全国大会・春季大会に加え，各支部において活発な研究会・シンポジウム活動等が行われました。以下は，2018年8月〜2019年7月の一年間における各支部の活動報告です。

【関東支部】
◎定例研究会
　日時　2018年11月17日（土）午後2時〜5時
　会場　日本大学経済学部　7号館9階　7091教室
　　報告1　Productive Consumption Externality in a Two-Sector Model of Economic Development　　　　　　　　　　　　　　大東一郎（慶應義塾大学）
　　報告2　WTO体制下の地域統合（RTAs）における電子商取引（EC）ルールの動向と展望　　　　　　　　　　　　　　岩田伸人（青山学院大学）

◎定例研究会
　　日時　2017年12月15日（土）午後2時〜5時
　　会場　日本大学経済学部　7号館9階　7091教室
　　報告1　Exchange Rates and Intra-Firm Trade　　　　　加藤　篤行（金沢大学）
　　報告2　Technology Choice and Wage Inequality　　　　澤田有希子（東京大学）

◎新春特別シンポジウム『グローバル企業ネットワークと日本経済』
　　日時　2019年1月12日（土）　午後2時〜5時30分
　　会場　日本大学　経済学部7号館講堂
　　座長：冨浦英一　（一橋大学）
　　報告1　グローバル・サプライチェーンと日本企業　　戸堂　康之（早稲田大学）
　　報告2　日本の貿易立国の展望　　　　　　　　　　　大泉啓一郎（日本総合研究所）
　　報告3　DLT（分散型台帳技術）の貿易金融への応用と日本の将来展望
　　　　　　　　　　　　　　　　　　　　　　　　　　川野　祐司（東洋大学）

◎シンポジウム『グローバル化経済における金融技術革新と金融システムの将来像』（共催：日本大学経済学部）
　　日時　2019年4月20日（土）午後1時30分〜5時
　　会場　日本大学経済学部7号館2階講堂
　　基調講演　Financial Innovation and the Future of Financial System under Economic Globalization　　　　　　Stephen Cecchetti（Brandeis International Business School）
　　討論者　白川方明氏（前・日本銀行総裁）
　　パネル討論
　　　　　　　　　　　　　　　　　　パネリスト　　北村　行伸（一橋大学）
　　　　　　　　　　　　　　　　　　　　　　　　小早川周司（明治大学）
　　　　　　　　　　　　　　　　　　　　　　　　櫻井　公人（立教大学）
　　　　　　　　　　　　　　　　　　　　　　　　柳川　範之（東京大学）
　　　　　　　　　　　　　　　　　　モデレータ　　齋藤　哲哉（日本大学）

◎定例研究会
　　日時　2019年5月18日（土)午後2時〜5時
　　会場　日本大学経済学部7号館9階7091教室

会　報

報告1　The Politics of Tariff Cooperation in the Presence of Trade Costs
　　　　　　　　　　津布久将史（大東文化大学）
報告2　The Impact of Anti-Sweatshop Activism on Employment
　　　　　　　　　　牧岡　　亮（独立行政法人経済産業研究所）

◎定例研究会
　日時　2017年7月20日（土）午後2時～5時
　会場　日本大学経済学部7号館9階7091教室
　報告1　From Production Pioneer to Export Pioneer
　　　　　　　　　　早川　和伸（アジア経済研究所）・椋　　寛（学習院大学）
　報告2　Spatial Aggregation Bias in a Global Input-Output Analysis
　　　　　　　　　　笹原　　彰（University of Idaho）

【中部支部】
◎冬季大会
　日時　2018年12月15日（土）　午後1時30分～午後6時10分
　会場　名古屋学院大学（名古屋キャンパスしろとり）曙館6階　607会議室
　講演　13：20～14：40
　　　　Liverpool Merchants versus Ohmi Merchants: How and Why They Dealt with Risk and Insurance Differently　　報告者　酒井　泰弘 氏（筑波大学・滋賀大学名誉教授）

　報告　15：20～16：40
　　　　Trade Costs, Welfare, and Strategic Investment in Infrastructure in a Dynamic Open Economy　　　　　　報告者　柳瀬　明彦 氏（名古屋大学）
　　　　　　　　　　　　　　　　　　　　Ngo Van Long 氏（McGill University）
　講演　16：50～18：10
　　　　Chaotic Industrial Revolution Cycles and Intellectual Property Protection in an Endogenous-Exogenous Growth Model　　報告者　矢野　　誠 氏（京都大学）
　　　　　　　　　　　　　　　　　　　　古川　雄一 氏（中京大学）

◎春季大会
　日時　2019年6月1日（土）　午後2時～午後5時30分

会場　中京大学 名古屋キャンパス 5 号館 2 階 521 教室
報告 1　14：00〜15：20
　　　　Effects of Monetary Policy in a Model with Cash-in-advance Constraints on R&D and Capital Accumulation　　報告者　前田　大輝 氏（大阪大学）
　　　　　　　　　　　　　　　　　　　　　　　　斎藤　佑樹 氏（中京大学）
報告 2　16：10〜17：30
　　　　Export Subsidies and Countervailing Duties on Environmental Goods under Bertrand Duopoly　　報告者　川端　康 氏（名古屋市立大学）
　　　　　　　　　　　　　　　　　　　　　　　　蓬田　守弘 氏（上智大学）

＊2019 年 7 月 20 日（土）に関西支部・中部支部合同研究会（第 1 回）が開催されましたが，それについては，以下の関西支部の活動報告を参照

【関西支部】
◎2018 年度第 3 回研究会
　日時　2018 年 11 月 10 日土曜日 午後 3 時 00 分〜5 時 00 分
　会場　関西学院大学大阪梅田キャンパス 1003 教室（アプローズタワー 10 階）
　第 1 報告　On the welfare effects of global patent protection in a model of growth and outsourcing
　　　　　　　報告者　斎藤　佑樹（大阪大学大学院経済学研究科博士後期課程）
　　　　　　　討論者　森田　忠士（近畿大学経済学部）
　第 2 報告　Optimal Policy for Environmental Goods Trade in Asymmetric Oligopolistic Eco-industries
　　　　　　　報告者　杉山　泰之（福井県立大学経済学部）
　　　　　　　討論者　市野　泰和（甲南大学経済学部）

◎2018 年度第 4 回研究会
　日時　2018 年 12 月 15 日土曜日 午後 3 時 00 分〜5 時 00 分
　会場　阪南大学あべのハルカスキャンパス　セミナー室（あべのハルカス 23 階）
　第 1 報告　Legal Jurisdiction on the High Seas and Emission Taxes on Transportation
　　　　　　　報告者　東田　啓作（関西学院大学経済学部）
　　　　　　　討論者　大川　昌幸（立命館大学経済学部）
　第 2 報告　How Diplomatic Conflicts Distort Bilateral Trade

会　報

　　　　　　　　　報告者　趙　　　来勲（神戸大学経済経営研究所）
　　　　　　　　　討論者　朱　　　連明（大阪大学社会経済研究所）

◎ 2018 年度第 5 回研究会
　日時　2019 年 1 月 26 日土曜日 午後 3 時 00 分～5 時 00 分
　会場　関西学院大学大阪梅田キャンパス 1005 教室（アプローズタワー 10 階）
　第 1 報告　Optimal tariffs, variable markups and cross price effects of imported goods
　　　　　　　　　報告者　田所　　篤（大阪大学経済学研究科博士後期課程）
　　　　　　　　　討論者　新宅　公志（広島修道大学経済科学部）
　第 2 報告　所得再分配政策と輸入関税政策の経済厚生効果の比較～小国開放経済の
　　　　　　ケース
　　　　　　　　　報告者　大川　良文（京都産業大学経済学部）
　　　　　　　　　討論者　杉山　泰之（福井県立大学経済学部）

◎ 2018 年度第 6 回研究会
　日時　2019 年 3 月 30 日土曜日 午後 3 時 00 分～5 時 00 分
　会場　関西学院大学大阪梅田キャンパス 1408 教室（アプローズタワー 14 階）
　第 1 報告　公企業を伴った寡占的一般均衡理論
　　　　報告者　亀井　慶太（西南学院大学経済学部）
　　　　討論者　金原　大植（日本学術振興会特別研究員 PD（神戸大学経済学研究科））
　第 2 報告　Changes in trade patterns after the EU accession: the case of Sweden
　　　　報告者　丸山佐和子（近畿大学経済学部）
　　　　討論者　神事　直人（京都大学経済学部）

◎ 2019 年度第 1 回研究会
　日時　2019 年 5 月 18 日土曜日 午後 3 時 00 分～5 時 00 分
　会場　谷岡学園梅田サテライトオフィス（グランフロント大阪タワー A（南館）16 階）
　第 1 報告　Firm Location under Trade-cost Uncertainty
　　　　　　　　　報告者　加藤　隼人（大阪大学経済学部）
　　　　　　　　　討論者　森田　忠士（近畿大学経済学部）
　第 2 報告　Tourism Infrastructure, the Environment, and International Trade
　　　　　　　　　報告者　清水　隆則（兵庫県立大学会計研究科）

討論者　斉藤　宗之（奈良県立大学地域創造学部）

◎第9回春季大会
　日時　2019年6月15日土曜日　午前9時30分～午後5時00分
　会場　高知県立大学
　※プログラムの詳細は，別途記載しています。

◎2019年度関西支部・中部支部合同研究会
　日時　2019年7月20日土曜日 午後3時00分～5時00分
　会場　阪南大学あべのハルカスキャンパス　セミナー室（あべのハルカス23階）
　第1報告　Strategic Trade Policy, Research Spillover, Mixed Competition and North-South Trade
　　　　　　報告者　曲　　金碩（名古屋大学大学院経済学研究科博士後期課程）
　　　　　　討論者　東田　啓作（関西学院大学経済学部）
　第2報告　日本企業の海外進出と撤退の30年―1990～2010年代を振り返る―
　　　　　　報告者　小山　大介（宮崎大学地域資源創成学部）
　　　　　　討論者　藤川　清史（名古屋大学アジア共創教育研究機構）

【九州・山口地区研究会】
◎2018年度　第1回研究会
　日時　2018年9月8日（土）15：20～17：40
　場所　西南コミュニティセンター（西南学院大学東キャンパス）2階会議室
　第1報告　日本化粧品OEM／ODMビジネスに関する予備的な考察
　　　　　　　　　　報告者　朴　　熙成（福岡女学院大学）
　　　　　　　　　　討論者　宮崎　卓朗（佐賀大学）
　第2報告　日系外食企業のベトナム市場参入様式とマーケティング戦略
　　　　　　―丸亀製麺の事例分析を中心に―
　　　　　　　　　　報告者　Tran Thi Tinh Hao（佐賀大学大学院生）
　　　　　　　　　　討論者　土井　一生（九州産業大学）

◎2018年度　第2回研究会
　九州産業大学産業経営研究所プロジェクト「台湾企業の経営戦略」との共催シンポジウム

会　報

日時　2018年12月22日（土）14：00〜17：00
場所　九州産業大学1号館9階中会議室
第1報告　21世紀の国際経済の変化の中での台湾企業
　　　　　　　　　　　　　報告者　中原裕美子（九州産業大学）
第2報告　日月光（ASE）の発展戦略：世界最大の半導体封止・検査企業の形成過程
　　　　　　　　　　　　　報告者　朝元　照雄（九州産業大学）
第3報告　台湾の堅実経営企業：台達電子（Delta Electronics）の事例研究
　　　　　　　　　　　　　報告者　岸本千佳司（アジア成長研究所）
第4報告　台湾の小売大手企業：統一超商（セブンイレブン）の経営と成長戦略
　　　　　　　　　　　　　報告者　鍾　　淑玲（東京工業大学）

◎2018年度　第3回研究会
日時　2019年2月23日（土）15：30〜17：30
場所　西南コミュニティセンター（西南学院大学東キャンパス）2階会議室
　　　Invited talk and discussion "Market Activities and Trust of North Korean Refugees"
　　　　　　Invited speakers: Byung-Yeon KIM (Seoul National University)
　　　　　　　　　　　　　　Seong Hee KIM (Seoul National University)

【本部・各支部事務局所在地】

【本　　部】　日本国際経済学会　本部事務局
　　　　　　〒162-0041　東京都新宿区早稲田鶴巻町518　司ビル3F
　　　　　　国際ビジネス研究センター内
　　　　　　Tel：03-5273-0473　Fax：03-3203-5964
　　　　　　E-mail：jsie@ibi-japan.co.jp

　　　　　　日本国際経済学会　本部事務局総務
　　　　　　〒171-8588　東京都豊島区目白１－５－１
　　　　　　学習院大学経済学部　椋寛研究室気付
　　　　　　Tel：03-5992-1275（研究室直通）　Fax: 03-5992-1275（研究室直通）
　　　　　　E-mail: head-office@jsie.jp

【関東支部】　日本国際経済学会　関東支部事務局
　　　　　　〒108-8345　東京都港区三田2-15-45
　　　　　　慶應義塾大学産業研究所　松浦寿幸研究室気付
　　　　　　Tel: 03-5427-1479（研究室直通）　Fax: 03-5427-1640（事務室）
　　　　　　E-mail: matsuura@sanken.keio.ac.jp

【中部支部】　日本国際経済学会　中部支部事務局
　　　　　　〒466-8673　名古屋市昭和区山里町18
　　　　　　南山大学　経済学部　寳多康弘研究室気付
　　　　　　Tel: 052-832-3110（内線3839）
　　　　　　E-mail: jsie.chubu@gmail.com

【関西支部】　日本国際経済学会　関西支部事務局
　　　　　　〒577-8502　大阪府東大阪市小若江3-4-1
　　　　　　近畿大学経済学部　福井太郎研究室気付
　　　　　　Tel: 06-4307-3245（研究室直通）　Fax：06-6726-3213（経済学部事務室）
　　　　　　E-mail: jsie-west@eco.kindai.ac.jp

【日本国際経済学会ホームページ】　https://www.jsie.jp/

日本国際経済学会　会則

[1950年6月2日制定，略，1994年10月16日改正，2000年10月22日改正，2001年10月20日改正，2003年10月5日改正，2008年10月11日改正，2010年10月16日改正，2019年9月29日改正]

（名称）
第1条　本会は日本国際経済学会 The Japan Society of International Economics と称する。
（目的）
第2条　本会は国際経済の理論，政策，実情に関する研究およびその普及をはかることを目的とする。
（事業）
第3条　本会は研究報告会，シンポジウム等の開催，機関誌および出版物の刊行，内外学会の連絡，その他本会の目的を達成するために適当と認められる諸事業を行う。
（会員）
第4条　本会に入会しようとする者は，本会の目的とする研究に従事する者（大学院博士課程または同後期課程在籍者を含む）で，会員1名の推薦により所定の手順に従って理事会に申込み，その承認を得なければならない。
　2　会員は所定の会費を納入しなければならない。
　3　会員は研究報告会，シンポジウム等に出席し，また機関誌の配布を受け，これに投稿することができる。
（維持会員）
第5条　本会の目的に賛同し事業の達成を援助するため，所定の維持会費を納入する法人を維持会員とする。
　2　維持会員は本会出版物の配布を受け，維持会員の法人に所属する者は，本会の研究報告会，シンポジウム等に出席できる。
（会費）
第6条　本会の会費は次の通りとする。

　　　　正会員　　　　　年九千円
　　　　学生会員　　　　年五千円
　　　　法人維持会員　　年一口（三万円）以上
　2　継続して3年間会費の払込みがない場合，会員資格を失うものとする。

（役員）
第7条　本会の会務執行のため理事若干名，会計監査のため監事若干名を置く。
  2　本会を代表するため会長1名を置く。会長は理事会において構成員の互選により選任される。
  3　会長の職務を補佐するため副会長1名を置く。副会長は理事会において構成員の互選により選任される。
  4　常務執行のため常任理事若干名を置く。常任理事は理事の中から会長が委嘱する。
  5　理事会は，研究報告会等の開催，機関誌の編集発行，会員名簿の整備，会計等の日常会務を補助するため会員の中から幹事若干名を委嘱し，その中の1名を本部常任幹事とする。
  6　本会に顧問を置く。理事長または会長の経験者を顧問とする。
  7　理事として選出理事と特命理事を置く。選出理事の選出は，会員による直接選挙をもって行う。その選出方法の詳細は別に定める内規に準拠する。特命理事は，会長が若干名指名する。
  選出理事，特命理事の任期は1期2カ年とする。重任を妨げない。ただし，会長および副会長の任期は2期を超えないものとし，原則として1期とする。
  8　監事の選任は，会長が候補者を選考し，会員総会において決定する。
  監事の任期は1期2カ年とする。重任を妨げない。
（理事会）
第8条　理事および監事を理事会構成員とする。
  2　会長は，理事会を主催する。
  3　理事会は，本会の事業および運営に関する事柄を企画立案して会員総会に諮り，または報告しなければならない。
  4　理事会は，原則として毎年1回開催する。ただし，必要に応じて，会長は年複数回の理事会を招集することができる。
  5　理事会は，理事会構成員の過半数の出席（委任状を含む）により成立する。
  6　理事会の決定は，出席者の過半数の同意があったときとする。賛否同数のときは，会長が決定する。
  7　本会の事務執行に必要な細目は理事会がこれを定める。
  8　理事会が特に必要とする場合には，幹事は意見を述べることができる。
  9　顧問は理事会に出席し，求めに応じて意見を述べることができる。

10　日本国際経済学会から推薦された日本経済学会連合評議員が日本国際経済学会の理事会構成員でない場合には，日本経済学会連合に関する活動報告および関連する問題の討議のため，理事会への出席を要請する。

（会員総会）

第9条　本会は毎年1回会員総会を開く。理事会が必要と認めたときは，臨時会員総会を開くことができる。

2　会員総会の議長は，その都度会員の中から選出する。

3　会員総会は，本会の事業活動の決定，決算・予算の審議確定，監事の選任等を行うとともに，担当理事および監事から会務について報告を受ける。

4　会員総会における決定は，出席会員の過半数の同意があったときとする。可否同数の場合は議長の決定に従う。

（地方支部および地方支部役員会）

第10条　各地方支部は，その支部に属する理事，監事，幹事，顧問をもって構成する支部役員会を置き，支部の諸事業活動を行う。

2　新たに支部を設けるときには，支部規約を添付して理事会に申し出，承認をえなければならない。

（経費）

第11条　本会の経費は，会費，維持会費，補助金，寄付等により支弁する。

（会則の変更）

第12条　本会会則の変更は理事会で決定の上，会員総会の決議による。

（その他）

第13条　本会の事務所は理事会が定める。

2　本会の名誉を毀損する行為があると認知された場合，理事会の決定により当該会員を除名することがある。

3　学会本部および各地方支部はプライバシー保護のため，会員に関する記録は厳重に保管し，原則として会員名簿の貸出はしない。

日本国際経済学会　出版委員会

委員長（The International Economy 編集責任者）
　　　　　　　　　　　　　　　神事　直人（京都大学）
副委員長（『国際経済』編集責任者）　蓬田　守弘（上智大学）
委員　　　　　　　　　　　　　板木　雅彦（立命館大学）
　　　　　　　　　　　　　　　伊藤　恵子（中央大学）
　　　　　　　　　　　　　　　北野　重人（神戸大学）
　　　　　　　　　　　　　　　清田　耕造（慶應義塾大学）
　　　　　　　　　　　　　　　田中　綾一（駒澤大学）
　　　　　　　　　　　　　　　西山　博幸（兵庫県立大学）
　　　　　　　　　　　　　　　蓮見　　雄（立教大学）
　　　　　　　　　　　　　　　濱田　弘潤（新潟大学）
　　　　　　　　　　　　　　　柳瀬　明彦（名古屋大学）
　　　　　　　　　　　　　　　山本　和博（大阪大学）
幹事　　　　　　　　　　　　　黒川　義教（筑波大学）
　　　　　　　　　　　　　　　丸山佐和子（近畿大学）

日本国際経済学会機関誌　投稿規定

1. 日本国際経済学会の機関誌（『国際経済』と THE INTERNATIONAL ECONOMY）は，学会の会員だけでなく非会員からの投稿も受け付ける。ただし，『国際経済』に非会員の投稿論文が掲載される際には，投稿者は学会に入会しなければならない。
2. 投稿論文は原著論文で，本誌以外に投稿されていないもの，また本誌以外での出版予定のないものに限る。
3. 『国際経済』の使用言語は日本語，THE INTERNATIONAL ECONOMY の使用言語は英語とする。
4. 投稿論文の長さは，『国際経済』では，図・表，参考文献，注を含め 20,000 字以内とする。THE INTERNATIONAL ECONOMY では，ダブルスペース A4 で図・表，参考文献，注を含め 35 枚以内とする。
5. 投稿論文はワープロ原稿とし，原則として，PDF 形式にして e-mail で送付することとする。また，原稿（3 部）や電子媒体物（CD-ROM，USB メモリスティック等）の郵送も受け付ける。ただし，電子ファイルの破損等による不具合が生じても，日本国際経済学会はいっさいの責任を負わない。
6. 投稿は，日本国際経済学会機関誌投稿受付係にて，随時受け付ける。
7. 論文の掲載の可否については，匿名の審査委員による審査に基づき，出版委員会が決定する。
8. 投稿者による論文原稿の手直しは，審査責任者からの改訂要求日から 1 年に限り有効とする。
9. 投稿論文の審査料は不要とする。また，論文の掲載が決定した場合の掲載料も不要とする。
10. 投稿論文は，掲載の可否にかかわらず返却しない。
11. 機関誌に掲載された論文は，独立行政法人科学技術振興機構（JST）の電子ジャーナルプラットフォーム J-STAGE（https://www.jstage.jst.go.jp/browse/-char/ja/）の電子ジャーナル『国際経済』と THE INTERNATIONAL ECONOMY に登載される。
12. 機関誌に掲載された論文の著作権（複製権，公衆送信権を含む）は，日本国際経済学会に帰属する。

日本国際経済学会機関誌投稿受付係
電子メール：jsie-journal @ jsie.jp

　ハードコピー原稿や電子媒体物等での投稿の場合は，本部事務局宛にご郵送ください。最新の本部事務局連絡先は，学会ホームページ http://www.jsie.jp にてご確認いただけます。

日 本 国 際 経 済 学 会

【本　　部】日本国際経済学会　本部事務局
　　　　　〒162-0041　東京都新宿区早稲田鶴巻町 518
　　　　　　　　　　　司ビル 3F
　　　　　　　　　　　国際ビジネス研究センター内
　　　　　Tel: 03-5273-0473　Fax: 03-3203-5964
　　　　　E-mail: jsie@ibi-japan.co.jp

【本部事務局 総務】
　〒171-8588　東京都豊島区目白 1-5-1
　学習院大学経済学部　椋寛研究室気付
　Tel: 03-5992-1275（研究室直通）
　Fax: 03-5992-1275（研究室直通）
　E-mail: head-office@jsie.jp

【日本国際経済学会ホームページ】　https://www.jsie.jp/

第4次産業革命の衝撃 ―ICTの発展と国際経済―	国際経済　第70巻（日本国際経済学会研究年報）

令和元年10月31日　発　行

　　　　　編　集　兼　　日 本 国 際 経 済 学 会
　　　　　発　行　所
　　　　　　〒162-0041　東京都新宿区早稲田鶴巻町518　司ビル3F
　　　　　　　　　　　　国際ビジネス研究センター内
　　　　　　　　　　　　日本国際経済学会本部事務局

　　　　　　　印刷・製本　　中西印刷株式会社
　　　　　　〒602-8048　京都市上京区下立売通小川東入ル
　　　　　　　　　電話 075-441-3155　　FAX 075-417-2050
　　　　　　　発売　中西印刷株式会社出版部　松香堂書店
　　　　　　　　　　　　　　　　　　ISBN 978-4-87974-750-1